Die deutsche Romantiker-Seele

auf der Suche nach dem Wesen der deutschen Seele

Wolf E. Matzker

Autor: Wolf E. Matzker
Geschrieben: 2019 – 2020
Herstellung und Verlag: BoD- Books on Demand, Norderstedt
Fassung Nr. 2
ISBN: 9 783750 452220

Die deutsche Romantiker-Seele

auf der Suche nach dem Wesen der deutschen Seele

Wolf E. Matzker

Inhaltsverzeichnis:

Teil 1

Teil 2

Vorwort:

Vor mehr als 40 oder 50 Jahren hat mich die Frage nach dem Deutschen oder genauer der *deutschen Seele* nicht beschäftigt. Meine Generation hat sich eher an Amerika, den Beatles etc. orientiert. Später dann Erkenntnisse und Inspirationen in fernen Kulturen gesucht, bei den indianischen Völkern oder in Tibet, in China oder in Japan, und natürlich in Indien.

Heute haben wir eine andere historische Situation. Seit es in unserem Land immer mehr Migranten bzw. Menschen mit Migrationshintergrund gibt, stellt sich die Frage ganz neu, ganz anders. Nämlich so:

Gibt es ein deutsches Wesen?

Gibt es eine deutsche Seele?

Was ist der Wesenskern der deutschen Sprache, der deutschen Denker wie Böhme, Kant und Hegel und vielen anderen?

Was ist das Wesen deutscher Mystik und Theologie?

Was ist das Wesen deutscher Dichtkunst?

Was sollen wir bewahren?

Was sollten wir aufgreifen und weiterentwickeln?

Deutsch – was ist das?

Das Adjektiv „deutsch" bezieht sich zunächst einmal auf die Sprache. Wir nennen unsere Sprache so. Darüber müssen wir nicht diskutieren.

Was jedoch andere Bereiche betrifft, können wir es nicht eindeutig sagen. Was macht die „deutsche" Mentalität aus? Gibt es diese noch? Worin besteht sie heute?

Disziplin, Ordnungsliebe, Klarheit, Pünktlichkeit, Verlässlichkeit und vieles mehr scheint mir eher eine Sache der Vergangenheit zu sein.

„Deutsche" Spiritualität – gibt es diese, und wenn ja, was macht sie aus?

Tatsache ist, wir tun uns als „Deutsche" mit der Frage sehr schwer.

„Ein Volk, ein Reich, ein Führer"

Jeder kennt diese Formel. Sie wird in Deutschland heute allgemein als faschistisch abgelehnt. Es geht mir hier nicht um die NS-Zeit, sondern um das Grundprinzip.

Beim Volk Gottes, beim Volk Israel wird das Prinzip nicht in Frage gestellt. Mose, der große Führer, hatte sein Volk aus Ägypten in ein neues gelobtes Land geführt, wo allerdings schon Menschen mit einer anderen Religion lebten, die man dann, was ja ganz *natürlich* war, vertreiben musste. Seine Gebote werden immer noch hochgehalten, obgleich er außer den zehn Geboten fürchterliche Gesetze erlassen hatte. Man sieht in ihm den „Gottesführer", obgleich er die Andersdenkenden gleich hat umbringen lassen. Später kam dann König David, ein Machtkönig, Jahrhunderte später sein angeblicher „Sohn", Jesus, den sie heute als „Herrn" bezeichnen. Das Prinzip hat sich bis heute erhalten.

Die Andersdenkenden wurden im Laufe der Geschichte nicht nur ausgegrenzt, sondern auf vielfältige Weise ermordet. Meine Generation, also die um 1950, war auf der Seite der Andersdenkenden (die ganze Subkultur) und damit gegen alle Faschisten, egal welcher Richtung.

Später studierten manche von uns die Indianer oder das mystische Tibet. Auch dort findet sich das Prinzip. Ein Volk, ein großes Reich, eine Religion, ein Dalai Lama. Viele sahen in dem Dalai Lama seit 1989 den großen Führer (= Guru) schlechthin. Er wurde bewundert, angebetet und verehrt. Man fand es normal, ein Foto vom Dalai Lama aufzuhängen. Man dachte, es wäre das Beste für die Welt, alle würden Buddhisten werden, dann wäre *Frieden auf Erden*.

Christen und Moslems denken das auch. Immer noch. Wenn alle eine Religion haben und alle dem gleichen *Führer*, Jesus oder Mohammed, nachfolgen, dann wird alles gut.

An der Oberfläche ist man heutzutage *multikulturell*, aber ist man es auch in einer tieferen Schicht? Heilige Orte, heilige Bäume haben nur für wenige Bedeutung. Die meisten schütteln eher den Kopf oder halten einen für „verrückt". Will man sich völlig von dem genannten Prinzip befreien und es durch ein neues Paradigma ersetzen?

Seele – psychisch oder spirituell?

Ist die Seele mehr ein psychisches oder mehr ein spirituelles Phänomen, oder beides? Für mich ist die Seele eher ein spirituelles Phänomen. Vom „Wunder der Seele" lautet eine Textsammlung von Meister Eckhart. Es hat vielleicht keiner so tiefgründig über die Seele geschrieben wie er und auch andere deutsche Mystiker.

Aus meiner Sicht ist die deutsche Mystik das Beste, was im deutschen Sprachraum auf Grundlage des Christentums entwickelt worden ist und weit über die Bibel, auf die sich die Amtskirchen im Wesentlichen berufen, hinausgeht. Man sollte das eigentlich viel mehr würdigen und wertschätzen. Von Hildegard von Bingen, Mechthild von Magdeburg, Heinrich Seuse, Jacob Böhme bis in die Gegenwart könnte man sehr viele Autoren behandeln.

Sprache und Klang

Jede Sprache hat ihren Klang. Viele würden heute das Wort „sound" verwenden. Ich ziehe jedoch ein deutsches Wort vor. Damit bin ich vielleicht bei einigen Leuten bereits ausgegrenzt oder sogar in eine Ecke gestellt.

Warum, so frage ich mich schon seit vielen Jahren, übernehmen die Deutschen so bereitwillig Wörter aus anderen Kulturen, vor allem aus der amerikanischen Kultur? Übrigens ist das britische Englisch ein anderes als das amerikanische. Der Klang ist ein ganz anderer. Man hört das sofort. Man erkennt ebenfalls sofort den französischen oder den italienischen Klang, auch wenn man dafür keinen Begriff haben sollte. Muss man auch nicht. Klänge lassen sich nicht so einfach verbalisieren, in eine begriffliche Schublade packen. Man muss die Klänge spüren.

Wer einmal längere Zeit eine andere Sprache gesprochen oder gehört hat, und dann wieder seine Muttersprache hört, also die Sprache seiner Mutter (den Aspekt der Mutter sollte man sich einmal ganz bewusst machen), der spürt sofort einen vertrauten Klang. Einen vertrauten Klang und einen heimatlichen Klang.

Eine Gegend hat ebenfalls einen spezifischen Klang, so wie sie ein spezifisches Bioklima hat. Sensible Menschen spüren das. Der Klang meiner „Heimat" an der Nordsee ist ein anderer als der hier in Uehrde oder im Harz. Ich wohne hier nur, es ist nicht meine Heimat geworden. Ich wohne hier seit 26 Jahren, aber es ist nicht meine Heimat.

Der Satz, dass die Heimat dort sei, wo die Freunde seien, ist dumm und oberflächlich. Heimat ist dort, wo man herkommt, wo die Mutter lebte, wo man die Muttersprache gehört und gelernt hat. Der ursprüngliche Klang ist der wichtigste und stärkste.

Man kann sich wie ich ein halbes Leben mit dem Englischen befassen, wird aber nie ein „native speaker" werden. Man kann wie ich jahrelang tibetische Texte in den Pujas singen, wird aber nicht den eigentlichen Klang des Tibetischen leben können.

Christen singen „Halleluja" und „Zebaoth", beides jüdische Begriffe, oder sie singen „kyrie eleison", das ist Griechisch, oder sie singen „Tatum ergo sacramentum veneremur cernui ...", das ist Latein, oder sie singen „bless the Lord, my soul, and bless his holy name!". Das schöne Lied „Geh aus mein Herz und suche Freud", von Paul Gerhard ist Deutsch und entspricht unserem Wesen.

Was geschieht mit der Seele, wenn sie Lieder aus ganz verschiedenen Kulturen singt?

Vielleicht zeigt sich der Klang des Deutschen besonders in den Gedichten und Liedern. Dem Klang des Deutschen sind die einzelnen Dichter – und auch Denker – unterschiedlich gerecht geworden. Das ist schwer zu erfassen und schwer zu beschreiben.

Ist die Seele des Deutschen krank?

Schon seit mehr als zehn Jahren beschäftigt mich die Frage, ob die deutsche Seele, die Seele des deutschen Volkes krank ist (Zerrissenheit, Selbsthass, Minderwertigkeitskomplex, Helfersyndrom, Größenwahnsinn etc.), nicht erst seit 2015, dem Jahr der Masseninvasion.

Die Frage nach der deutschen Identität hat sich sporadisch sogar schon während meiner Zeit als Lehrer gestellt, in den achtziger Jahren, in den neunziger Jahren und danach.

Die Frage stellt sich immer, wenn man mit anderen Kulturen konfrontiert wird, sei es nun gewollt oder ungewollt. Viele Jahre habe ich mich geistig und spirituell mit Tibet beschäftigt. Da stellt sich die Frage ganz automatisch. Westliches Denken, östliches Denken – das war einmal ein großes Thema. Manche haben versucht, eine Brücke, eine Synthese zu bauen.

Andererseits habe ich oft erlebt, dass man östliches Denken, also China, Japan, Indien, pauschal abgelehnt hat, ohne es zu kennen. Ebenso das indianische Denken, mit dem ich mich ebenfalls sehr viel befasst habe.

Gegenwärtig wird aus meiner Sicht zu wenig über die unterschiedlichen Kulturen des vorderen Orients und Europa gesprochen, vor allem zu wenig wirklich offen und ehrlich. Differenzen und Unvereinbarkeiten sollten klar genannt werden. Und die eigene deutsche Identität, wie steht es damit? Kennt man die überhaupt? Kann man sie klar und präzise beschreiben?

Man will lieber offene Auseinandersetzungen mit Begriffen wie „multikulturell" oder „weltoffen" a priori abwürgen. Vermutlich deshalb, weil man Angst hat. Fragt sich nur, wovor man Angst hat.

Was hatten die Leute einmal eine Heiden-Angst vor der „Meditation". Damals, vor über 30 Jahren, dachten sie, durch Meditation würde die Jugend verführt werden, die Leistungsgesellschaft würde untergehen. Absurd!

Und heute?

Wovor haben die Menschen Angst? Ist sie real, z.B. die Angst vor islamistischem Terror? Sieht man die Gefahr einer islamisch geprägten Mehrheit der Bevölkerung, oder macht man lieber die Augen zu und schläft weiter?

Wie auch immer, man ist seelisch gestört, wenn man die Realitäten nicht sehen will, sie verharmlost oder verdrängt.

Deutschland am Ende?

Hat Deutschland noch eine Zukunft? Hat das deutsche Volk, eine

„deutsche Identität" noch eine Zukunft? Ist dieses Land nicht längst ein mitteleuropäisches *Buntland* geworden?

Der Diskurs über diese Frage ist gegenwärtig (2020) vergiftet und unerfreulich geworden. Es macht keinen Spaß daran teilzunehmen.

Vielleicht ist es tatsächlich nur noch eine Sache der Vergangenheit? Heutige Dichter und Denker haben andere Themen. Sie schreiben vielleicht noch in der deutschen Sprache, auch wenn sie aus Serbien, Rumänien, Syrien, Griechenland, der Türkei oder einem anderen Land kommen, mit dessen Seele sie sich vielleicht im Inneren mehr verbunden fühlen als mit diesem Land, das offiziell noch „Deutschland" heißt.

Deutsche Seele – freier Genius

Nachdem ich lange über das Kranke der deutschen Seele nachgeforscht und nachgedacht habe, bin ich über das Studium von Schiller, dem großen deutschen Dichter der Klassik, neben Goethe natürlich, zu dem Schluss gekommen, dass es vielleicht doch eher der freie Genius ist, der das Wesen der deutsche Seele ausmacht. Auf jeden Fall klingt „Genius" positiver als „kranke Seele".

Es ist ja klar, dass vieles an der deutschen Seele bzw. dem deutschen Wesen krank ist. Richten wir jedoch den Fokus zu sehr darauf, dann entgeht uns das Starke und Positive. Notgedrungen gibt es die Krankheiten. Keiner ist dagegen absolut gefeit.

Genie – das war einmal ein wichtige Kategorie für deutsche Dichter. Sie wollten ein Genie sein. Was ist damit gemeint?

Sie wollten kreativ sein, schöpferisch, eigenständig, autonom, selbstbestimmt, Neues schaffen, Ungewöhnliches, absolut Neuartiges, Innovatives. Dafür wollten sie von einem höheren Geist (=Genius) inspiriert werden, oder anders gesagt: von den Musen (=den Göttinnen der Poesie) geküsst werden.

Die Freiheit steht im Gegensatz zur Unterdrückung. Im politischen Bereich spricht man auch heute gerne immer noch von der Freiheit, wobei für die Anhänger des Neoliberalismus vor allem ihre egoistische, ökonomische Freiheit gemeint ist, die die Schattenseite impliziert, dass die meisten Menschen unfrei sind, dass sie froh sind, wenn sie einen Job haben und halbwegs ihre Miete bezahlten können.

Schon Martin Luther verfasste seine Schrift: „Von der Freiheit eines Christenmenschen". Bis heute sieht es mit der spirituellen Freiheit nicht gut aus. Kirchen wollen, mehr oder weniger, unterdrücken. Sie haben ihre Dogmen, ihre Katechismen – und die widersprechen nun einmal der Freiheit.

Dichter und Denker wollen das nicht, sondern eben ihre uneingeschränkte kreative Freiheit. Die Spur des Genius, des Genialischen zieht sich wie ein roter Faden durch die deutsche Geistesgeschichte. Und wenn es ein Bestes der deutschen Seele gibt, dann wohl am ehesten das.

Deutschland – ein Reich der romantischen Träumer?

Viele deutsche Dichter und Denker scheinen mir ausgesprochene Träumer gewesen zu sein. Sie träumten von einem universellen, poetischen Reich. Ihr „Reich Gottes" war ein poetisches und philosophisches Reich. Dieser Traum zieht sich durch die deutsche Geschichte.

Sogar im Bereich der Politik lässt sich dieser Traum erkennen. Ein großes, deutsch-germanisches Reich, oder ein multikulturelles Wunderland, in welchem alle Völker in schöner Harmonie miteinander leben. Politische Träumereien sind aber nicht mein Thema hier.

Auf der einen Seite gibt es die Träumer von einem geistigen Reich der Schönheit und Poesie, auf der anderen Seite diejenigen, die vom einfachen und bescheidenen Leben im Refugium geträumt haben. Einerseits die Träume von fernen, exotischen Welten, wie z.B. Karl May, andererseits die Träumer von geistigen Anderswelten wie z.B. Hermann Hesse.

*

In einem kleinen Buch wie diesem kann man nicht alles ansprechen, nicht alles ausführen, man kann nur ein paar wichtige Themen herausgreifen. Genauer, Themen, die mir aufgefallen oder mir wichtig sind.

13

1. Albrecht Dürer, Maler und Mystiker

Bekannt und berühmt ist das Selbstbildnis von Albrecht Dürer aus dem Jahre 1500. Ein Bildnis des Selbstbewusstseins, als Mensch und als Maler. Der Maler zeigt sein großes Können, der Mensch möchte sein „höheres Selbst" zum Ausdruck bringen, indem er sich so darstellt, als wäre er *Christus*. Das ist keine Selbstüberschätzung und keine Anmaßung, wie man es vielleicht heute sehen würde, sondern nimmt Bezug auf das höhere Menschenbild, das durch *Christus* repräsentiert wird, dem man nacheifern, nachstreben sollte, um das im Menschen vorhandene göttliche Potential zur Entfaltung zu bringen.

Wir lesen heute immer noch die Briefe von Paulus, in denen er davon spricht, dass man zu einem Sohn Gottes werden müsse, aber ich bezweifle, ob das viele wollen. Atheisten sowieso nicht, aber viele von denjenigen, die sich (noch) Christen nennen, vermutlich auch nicht. Sie wollen nur ihre kleine menschliche Individualität sein, streben aber weniger ein höheres Sein als eine Form des Christus-Seins an.

Das war einmal ganz anders.

Albrecht Dürer war nicht nur Maler, Ab-Maler, sondern ein denkender Maler, ein tief nach-denklicher Maler, ein Mystiker, der z.B. das „Buch von der Nachfolge Christi" von Thomas von Kempen kannte. Nachfolge heißt, ein spirituelles Leben im Sinne und auf dem Wege von *Christus* zu führen.

Dietrich Bonhoeffer hat Jahrhunderte später aufgezeigt, dass damit nicht ein bürgerliches, angepasstes, politisch korrektes würde man gegenwärtig sagen, Verhalten und Leben gemeint ist, sondern eines, dass eine geistige Kraft der Eigenständigkeit und Höhe der Erleuchtung anstrebt.

In dieser Tradition, die man als deutsche spirituelle Tradition bezeichnen könnte, stehen neben Dürer eine Reihe von weiteren Personen. Martin Luther, Jacob Böhme, Albert Schweitzer könnte man nennen. Das Selbstbildnis von Dürer zeigt uns das höhere, spirituelle Selbstbild des Deutschen. Jeder Leser kann darüber nachsinnen, bei wem er dieses auch erkennt.

„Entscheidend ist: Der Künstler erlebt seine Schaffenskraft als göttlich und den Menschen als – im Prinzip – „gottebenbildlich". An diesem Meisterwerk erfährt der Betrachter: Das „Erkenne dich selbst" ist Wirklichkeit geworden. Auch dieses Werk gehört zu den „unausweichlichen".

Das „Erkenne dich selbst" meinte in alten Zeiten: Erkenne deine Nichtigkeit, nur Gott ist. Mit der Menschwerdung Gottes bekam der Satz einen ganz anderen Sinn. Der vergängliche Leib wurde auf Golgatha ins Unvergängliche gehoben. Gott wird nun nicht mehr in der Sonne, sondern in seinem Abbild, im Menschen gefunden, und weil Gott Mensch wurde, kann der Mensch wie Gott werden.

Willst Du Gott erkennen, dann blicke in dein Inneres: Wo früher der Tod ins Erdenleben trat, kann jetzt Christus als Sieger über den Tod erfahren werden. Der Betrachter spürt die Kraft des Auferstandenen. So kann nur jemand malen, der eine wirkliche Christuserfahrung hatte." (Krüger, S.62; m.U.)

„Es gibt kein weiteres autonomes Selbstporträt von Dürer auf dem Gebiet der Malerei. Der Maler spürte, dass er mit diesem Selbstbildnis mit den Zügen des Auferstandenen das Innerste und zugleich Höchste erreicht hatte, das nicht übertroffen werden kann. Es ist aus der inneren Erfahrung des Paulus gemalt: *Ich lebe, aber nun nicht ich, der Christus in mir lebt*." (Krüger, S.64, m.U.; kursiv von mir)

Wir leben heute in extrem materialistischen Zeiten, die, aus meiner Sicht, von einer *Sucht* geprägt sind, denn so viel Materialistisches, wie z.Z. vorhanden, braucht im Grunde kein Mensch. Von daher mag uns die Aufforderung, in uns ein göttliches Sein zu erkennen, fremd geworden sein.

Erkenne deine göttliche Bestimmung, so müsste es heute lauten.

Man erreicht es jedoch nicht auf dem Wege reiner Denktätigkeit, sondern durch Gebet, Versenkung, Kontemplation, Verehrung und Hingabe. Die gegenwärtige Selfie-Manie bleibt meistens egozentriert, zielt nichts Höheres an oder sieht sich in einer Nachfolge Christi. Wie Krüger über Dürer schreibt, die Basis ist eine Christus-Erfahrung, also eine tiefe, spirituelle Erfahrung höheren Mensch-Seins.

Maria mit Kind und Zeisig, 1506

Neben der Verehrung von Christus gibt es die Verehrung von Maria. Dürer hat uns ein bemerkenswertes Marienbild hinterlassen, dessen leuchtende Farbigkeit (Rot, Blau, Grün und gelbliche Orangetöne) und Natürlichkeit uns heute noch ansprechen kann. Manfred Krüger bezeichnet die Maria mit Nelke als eine *deutsche*. In der Tat können wir sagen, wenn wir die „Maria mit Kind und Zeisig" mit den Darstellungen der Italiener vergleichen, dass wir hier eine *deutsche* Maria vor uns haben.

Das höhere Selbst des Mannes ist Christus (die Christus*schaft*), das höhere Selbst der Frau, deren Bestimmung die Mutter*schaft* ist, ist Maria. Das darf man nicht als rückwärtsgewandtes Rollenverständnis missverstehen, sondern als Ausdruck der höheren und eigentlichen Bestimmung und Vollendung menschlichen Daseins. Christus und Maria gehören zusammen, sind gleichwertig und bilden eine Einheit. Neben der allgemein bekannten Trinität gibt es die Vierheit, also: Vater, Sohn, Heiliger Geist und Maria.

Auch dieses Gemälde von Dürer strahlt Stolz und Selbstbewusstsein auf das eigene Sein als Mensch und Volk aus. Das ist völlig normal und in keiner Weise einseitig. Die Italiener waren damals in der Malerei weiter entwickelt als die Deutschen, die aber gerade durch den Maler Albrecht Dürer und den Bildhauer Tilman Riemenschneider (1460 – 1531) ihr Eigenes, ihre Identität als Deutscher herausstellen konnten.

Die Darstellungen der Natur links und rechts vom Thron, auf dem Maria sitzt, würde ich als Verbundenheit mit der Natur deuten wollen. Ebenso den Strauß Maiglöckchen, den das Johanneskind dem Jesuskind überreicht und den Zeisig, der auf dem linken Arm des Jesuskindes sitzt.

Das Maiglöckchen steht wohl für Heilkraft im Allgemeinen, für Heilung des Herzens im Besonderen, als Marienblume auch für Keuschheit, Reinheit und Demut, Tugenden, die Jesus von seiner Mutter hat. Der Zeisig repräsentiert die erwachte Seele, die Seele des mitfühlenden, universellen Geistes.

Anders als Manfred Krüger würde ich das Buch nicht als Altes Testament deuten, sondern als Buch der Weisheit und des Wissens, der eigenen deutschen Weisheit, der man sich damals bewusst wurde und die man zum Ausdruck bringen konnte.

Der Deutsche gilt allgemein als der nachdenkliche Mensch, der über alles in der Welt nachsinnt, grübelt, wie man oft sagt. Warum auch nicht? Das Leben, das Dasein ist *zum Grübeln*.

In einer Spaß- und Freizeitgesellschaft gilt das logischerweise als Krankheit, die therapiert werden muss. Alles soll und muss Spaß machen. Man schaue oder höre in die Medien, permanent wird einem die Botschaft vom Spaß eingehämmert. Und wehe, wenn man nicht mit tanzt und singt und lacht und springt.

Das tiefe, gründliche Nachdenken ist nun einmal ein Wesenszug des Deutschen. Das ist gut und richtig. Es hat viele große Dichter, Denker, Künstler und Wissenschaftler hervorgebracht. Hätten sie nicht so viel nachgedacht, so viel „gegrübelt", dann hätten sie nicht so viele Weisheiten herausgefunden. „Grübeln" nennen es nur diejenigen, die nichts in der Birne haben, die vielleicht nur trinken und tanzen wollen.

Dürers Holzschnitt der Melancholie bringt diese Seite zum Ausdruck. Wenn man sich mit dem Sinn und Ziel von allem, von allen Aktivitäten befasst, wenn man in die Tiefe, in den Abgrund, ins Untergründige vorstoßen will, dann muss man grübeln, in die Tiefe hintergraben und dabei nicht nachlassen, wenn man auf Widerstände stößt, und man stößt immer auf Widerstände, und seien es die anderen Leute, die einem sagen, man solle doch nicht so viel herumgrübeln, sondern das lustige Leben genießen.

Man kann die vielen Objekte auf dem Kupferstich als Symbole sehen und deuten. Es stellt sich allerdings die Frage, was damit gewonnen ist. Verstehen wir dann die Melancholie besser? Können wir sie dann achten und würdigen?

Der melancholische Mensch sucht nach dem Sinn, dem tiefen Sinn, dem geheimen Zusammenhang, der alles verknüpfenden Verbundenheit, aber er hat immer nur einzelne Dinge, Teile, die das Mysterium doch nicht entschlüsseln. Das Mysterium bleibt eben das, ein Mysterium. Aber auch wenn die Welt nicht vollständig zu decodieren ist, so bleibt es doch die Aufgabe des nachdenklichen Menschen nach den verborgenen Verbindungen und Erklärungen zu suchen, immer wieder, immer neu, immer von Anfang an, immer wieder anders.

Dürer, Holzschnitt, Melancholie, 1514

Die Melancholie stellt Dürer hier als Engel dar. Warum als Engel? Dazu noch als einen weiblichen.

Vielleicht weil die Seele (anima) weiblich ist? Weil sie befreit werden möchte, weil sie befreit sein will, um in eine höhere Geistesdimension aufsteigen zu können, die sich links oben zeigt? Ein magisches Zahlenquadrat, wie man es an der Wand sehen kann, ist kein höheres Ziel. Höchstens ein Instrument, wie alles andere auch. Ein Instrument ist kein Ziel, nur ein Werkzeug.

Ein Ziel (telos) ist der Sinn, der tiefe, universelle Sinn. Der melancholische Mensch sucht immer nach dem absoluten Sinn, auch wenn für viele Forscher und Wissenschaftler dieser nicht zu erkennen oder gar nicht vorhanden ist.

Der Sinn ist ein ferner Stern, sozusagen das Herz des Kosmos, den man anstrebt, obgleich er unerreichbar sein mag.

Manfred Krüger schreibt als Zusammenfassung folgendes:

„Der Engel ist das Bild spiritualisierten Denkens. Dem Meditierenden wird bewusst: Wissen ist begrenzt – Weisheit ist auch jenseits des Todes. Das Denken erreicht die Bewusstseinsebene des Engels. Im Denken des Engels erscheint auf einer ersten Stufe – Melencholia I – das irdische, auf das Vergängliche gerichtete Streben in seiner Erfolgslosigkeit: die Instrumente liegen sinnlos herum. Den Aufstieg zur verwandelnden Kraft des Denkens symbolisiert die Himmelsleiter." (Krüger, S.259)

Was ist daran nun deutsch, so könnte man fragen?

Die nachdenkliche, lebenslange Suche nach der Entschlüsselung des Absoluten, die aber keiner Selbst-Überschätzung verfällt.

Wie oben erwähnt gab und gibt es im deutschsprachigen Raum viele Menschen, die das ihr Leben lang verfolgt haben. Sie haben uns großartige Werke hinterlassen. Ein wichtiger Repräsentant des universellen Geistes ist sicher Goethe.

Ein Universalist ist jemand, der in Hinblick auf Kreativität und Wissen das Menschenmögliche anstrebt und erreicht, verbunden mit der Selbsterkenntnis, dass er niemals alles wissen und alles gestalten kann.

2. Goethe – der „deutsche" Universalist

Goethe, 1749 – 1832

Goethe kann mit Recht als der große, unabhängige, deutsche Universalist bezeichnet werden. Sein Gedicht „Prometheus" ist vermutlich vielen bekannt. Es ist ein emanzipatorisches Gedicht, das die Kraft und Selbstständigkeit des Individuums feiert, in selbstbewusster Abgrenzung von Autoritäten. Es richtet sich nicht nur gegen den griechischen Gott Zeus, sondern gegen jedes weltferne, diktatorische Gotteskonzept, und betont die eigene Kraft und Kreativität.

Prometheus

Bedecke deinen Himmel, Zeus,
Mit Wolkendunst!
Und übe, Knaben gleich,
Der Disteln köpft,
An Eichen dich und Bergeshöhn!
Mußt mir meine Erde
Doch lassen stehn,
Und meine Hütte,
Die du nicht gebaut,
Und meinen Herd,
Um dessen Glut
Du mich beneidest.

Ich kenne nichts Ärmeres
Unter der Sonn als euch Götter.
Ihr nähret kümmerlich
Von Opfersteuern
Und Gebetshauch
Eure Majestät
Und darbtet, wären
Nicht Kinder und Bettler
Hoffnungsvolle Toren.

Da ich ein Kind war,
Nicht wußte, wo aus, wo ein,
Kehrte mein verirrtes Aug
Zur Sonne, als wenn drüber wär

Ein Ohr zu hören meine Klage,
Ein Herz wie meins,
Sich des Bedrängten zu erbarmen.

Wer half mir wider
Der Titanen Übermut?
Wer rettete vom Tode mich,
Von Sklaverei?
Hast du's nicht alles selbst vollendet,
Heilig glühend Herz?
Und glühtest, jung und gut,
Betrogen, Rettungsdank
Dem Schlafenden dadroben?

Ich dich ehren? Wofür?
Hast du die Schmerzen gelindert
Je des Beladenen?
Hast du die Tränen gestillet
Je des Geängsteten?

Hat nicht mich zum Manne geschmiedet
Die allmächtige Zeit
Und das ewige Schicksal,
Meine Herren und deine?

Wähntest du etwa,
Ich sollte das Leben hassen,
In Wüsten fliehn,
Weil nicht alle Knabenmorgen-
Blütenträume reiften?

Hier sitz ich, forme Menschen
Nach meinem Bilde,
Ein Geschlecht, das mir gleich sei,
Zu leiden, weinen,
Genießen und zu freuen sich,
Und dein nicht zu achten,
Wie ich.

Der **Werther** von Goethe ist vielleicht ein Schlüsselroman der deutschen Literatur und der deutschen Seele. Werther ist ein sensibler, junger Mann, der mit den Konventionen in Konflikt gerät, der sich in eine Frau verliebt, die bereits vergeben ist, aber die Verlobung für die Seelengemeinschaft mit Werther nicht aufgeben kann.

Für Werther sind nicht Konventionen und Gesetze der Maßstab, sondern das eigene Gefühl, wobei man darunter tiefe, innere und authentische Empfindungen und Wahrnehmungen verstehen sollte.

„Eine wunderbare Heiterkeit hat meine ganze Seele eingenommen, gleich den süßen Frühlingsmorgen, die ich mit ganzem Herzen genieße. Ich bin allein und freue mich meines Lebens in dieser Gegend, die für solche Seelen geschaffen ist wie die meine. Ich bin so glücklich, mein Bester, so ganz in dem Gefühle von ruhigem Dasein versunken, daß meine Kunst darunter leidet. Ich könnte jetzt nicht zeichnen, nicht einen Strich, und bin nie ein größerer Maler gewesen als in diesen Augenblicken. Wenn das liebe Tal um mich dampft, und die hohe Sonne an der Oberfläche der undurchdringlichen Finsternis meines Waldes ruht, und nur einzelne Strahlen sich in das innere Heiligtum stehlen, ich dann im hohen Grase am fallenden Bache liege, und näher an der Erde tausend mannigfaltige Gräschen mir merkwürdig werden; wenn ich das Wimmeln der kleinen Welt zwischen Halmen, die unzähligen, unergründlichen Gestalten der Würmchen, der Mückchen näher an meinem Herzen fühle, und fühle die Gegenwart des Allmächtigen, der uns nach seinem Bilde schuf, das Wehen des Alliebenden, der uns in ewiger Wonne schwebend trägt und erhält; mein Freund! Wenn's dann um meine Augen dämmert, und die Welt um mich her und der Himmel ganz in meiner Seele ruhn wie die Gestalt einer Geliebten – dann sehne ich mich oft und denke : ach könntest du das wieder ausdrücken, könntest du dem Papiere das einhauchen, was so voll, so warm in dir lebt, daß es würde der Spiegel deiner Seele, wie deine Seele ist der Spiegel des unendlichen Gottes! – mein Freund – aber ich gehe darüber zugrunde, ich erliege unter der Gewalt der Herrlichkeit dieser Erscheinungen." (10.Mai)

Gemeinhin wird diese Textstelle als Beleg für den Pantheismus genommen. Aus meiner Sicht sollte man diese begriffliche Schublade nicht verwenden, zumal der Begriff von der Kirche zur Diffamierung verwendet worden ist. Nehmen wir es als das, was es ist, nämlich ein tiefes Mitgefühl mit der ganzen Natur und dem in ihr stattfindenden Geschehen. Die andere Seite zeigt sich hier:

„Man möchte sich dem Teufel ergeben, Wilhelm, über all die Hunde, die Gott auf Erden duldet, ohne Sinn und Gefühl an dem wenigen, was auf Erden noch einen Wert hat. Du kennst die Nußbäume, unter denen ich bei dem ehrlichen Pfarrer zu St... mit Lotten gesessen, die herrlichen Nußbäume, die mich, Gott weiß, immer mit dem größten Seelenvergnügen füllten! Wie vertraulich sie den Pfarrhof machten, wie kühl! Und wie herrlich die Äste waren! Und die Erinnerung bis zu den guten Kerls von Pfarrern, die sie vor vielen Jahren pflanzten. Der Schulmeister hat uns den einen Namen oft genannt, den er von seinem Großvater gehört hatte; und so ein braver Mann soll er gewesen sein, und sein Andenken war immer heilig unter den Bäumen. Ich sage dir, dem Schulmeister standen die Tränen in den Augen, da wir gestern davon redeten, daß sie abgehauen wurden – abgehauen! Ich möchte toll werden, ich könnte den Hund ermorden, der den ersten Hieb dran tat. Ich, der ich mich vertrauern könnte, wenn so ein paar Bäume in meinem Hofe stünden und einer davon stürbe vor Alter ab, ich muß zusehen. Lieber Schatz, eins ist doch dabei: was Menschengefühl ist! Das ganze Dorf murrt, und ich hoffe, die Frau Pfarrerin soll es an Butter und Eiern und übrigem Zutrauen spüren, was für eine Wunde sie ihrem Orte gegeben hat. Denn sie ist es, die Frau des neuen Pfarrers (unser alter ist auch gestorben), ein hageres, kränkliches Tier, das sehr Ursache hat, an der Welt keinen Anteil zu nehmen, denn niemand nimmt Anteil an ihr. Eine Fratze, die sich abgibt, gelehrt zu sein, sich in die Untersuchung des Kanons meliert, gar viel an der neumodischen, moralisch-kritischen Reformation des Christentumes arbeitet und über Lavaters Schwärmereien die Achseln zuckt, eine ganz zerrüttete Gesundheit hat und deswegen auf Gottes Erdboden keine Freude. So ein Ding war's auch allein möglich, meine Nußbäume abzuhauen. Siehst du, ich komme nicht zu mir! Stelle dir vor: die abfallenden Blätter machen ihr den Hof unrein und dumpfig, die Bäume nehmen ihr das Tageslicht, und wenn die Nüsse reif sind, so werfen die Knaben mit Steinen danach, und das fällt ihr auf die Nerven, das stört sie in ihren tiefen Überlegungen, wenn sie Kennikot, Semler und Michaelis gegen einander abwiegt. Da ich die Leute im Dorfe, besonders die alten, so unzufrieden sah, sagte

25

ich: »warum habt ihr es gelitten?« – »wenn der Schulze will, hier zu Lande,« sagten sie, »was kann man machen?« – aber eins ist recht geschehen. Der Schulze und der Pfarrer, der doch auch von seiner Frauen Grillen, die ihm ohnedies die Suppen nicht fett machen, was haben wollte, dachten es mit einander zu teilen; da erfuhr es die Kammer und sagte: »hier herein!« denn sie hatte noch alte Prätensionen an den Teil des Pfarrhofes, wo die Bäume standen, und verkaufte sie an den Meistbietenden. Sie liegen! O, wenn ich Fürst wäre! Ich wollte die Pfarrerin, den Schulzen und die Kammer – Fürst! – ja wenn ich Fürst wäre, was kümmerten mich die Bäume in meinem Lande!" (15. September)

Empörung über den Frevel an der Natur kann zu extremer Wut werden. Werther lässt seinen ganzen Zorn heraus. Er kritisiert die Frau sehr scharf, aber auch die passiven Dorfbewohner, die nichts unternommen haben.

Ist die große Sensibilität und die Empörung über falsches Verhalten nun typisch deutsch?

Der **FAUST** von Goethe gilt allgemein als ein sehr wichtiges Werk der deutschen Literaturgeschichte. Heute können wir uns erneut fragen, ob es ein typisches Werk des deutschen Geistes und der deutschen Seele ist.

Faust ist der Forschertypus, der alles erfahren und herausfinden will. Er hat einen unstillbaren Drang und einen Absolutsheitsanspruch, was Erkenntnis und Wahrheit betrifft.

Daß ich erkenne, was die Welt

im Innersten zusammenhält,

schau alle Wirkenskraft und Samen,

und tu nicht mehr in Worten kramen. (V. 382-385)

Er möchte, wie er sagt, sogar den Göttern gleichen, was aber nicht möglich ist. Weil er kein Gott ist und das Universum nicht erfassen kann, sucht er Hilfe bei der **Magie**, bei Mephisto, bei den dunklen Mächten und Kräften, bei der diabolischen Seite der Welt. Die Welt ist immer alles, das Helle und das Dunkle, das Großartige und das Abscheuliche. Die Tragödie FAUST von Goethe bringt das zum Ausdruck.

Den Göttern gleich ich nicht! zu tief ist es gefühlt,

dem Wurme gleich ist, der im Staube wühlt,

den, wie er sich im Staube nährend lebt,

des Wandrers Tritt vernichtet und begräbt. (V. 651-655)

Magie ist die andere Methode, die einem bleibt, wenn die rationalen Methoden nicht die gewünschten Ergebnisse bringen. In Deutschland ist man in der Regel am liebsten nur „rational", deshalb sind die Aufklärung und der Positivismus auch so angesehen. Magie gilt als gefährlich, und es gibt aus meiner Sicht keine anerkannte Kultur der Magie.

Wer das Absolute erfassen und beherrschen will, muss notgedrungen scheitern und in eine depressive Stimmung stürzen. Deutsche Autoren haben ihre inneren Dramen, Tragödien erlebt. Die Russen konnten ihren Expansionsdrang in Richtung Sibirien ausleben, bis nach Alaska. Die

Amerikaner in den Westen und Alaska haben sie gekauft (ein big deal, wie typisch!). Die Deutschen hatten nur ihr kleines Land, ihre erbärmliche Kleinstaaterei (ihren erbärmlichen Föderalismus), blieben dort, blieben in Weimar oder anderswo, und loteten innere Tiefen, innere Höhen und innere Abgründe aus. Vielfach scheiterten sie. Die Tragik vieler Deutscher. So gesehen, ist FAUST wohl typisch deutsch.

> Zwei Seelen wohnen, ach! In meiner Brust,
> die eine will sich von der anderen trennen;
> die eine hält in derber Liebeslust
> sich an die Welt mit klammernden Organgen;
> die andere hebt gewaltsam sich vom Dust
> zu den Gefilden hoher Ahnen. (V.1112 – 1117)

Die im Faust behandelte Problematik sind diese zwei Welten, die Welt des Geistes und der Sinne, mit der sich viele Autoren befasst haben. Eine überzeugende Synthese und Ganzheitlichkeit scheint bis heute nicht gefunden, denn immer noch lässt sich das Gegeneinander feststellen. Es scheint eine anthropologische Konstante zu sein.

Der FAUST von Goethe ist ein komplexes und vielschichtiges Werk. Ich habe hier nur ein paar Aspekte kurz angesprochen.

Goethe kann, wie gesagt, als **Universalgenie** bezeichnet werden. Sein Leben und sein Werk sind unendlich reichhaltig. Safranskis Biographie ist auf jeden Fall sehr empfehlenswert. Goethe hat sich für vieles interessiert, vieles gemacht und unternommen, eben ein komplexes *Kunstwerk des Lebens*.

Albrecht Dürer wird von manchen als deutsches Universalgenie bezeichnet. So wie auch Alexander von Humboldt. Ist das typisch für die deutsche Seele, alles erfassen zu wollen, alles zu kennen, alles zu durchschauen, die ganze Welt, mit allen Methoden, auch mit der Magie? Ich würde sagen, ja. Das heißt natürlich nicht, dass es in anderen Ländern nicht auch Universalgenies gegeben hat oder gibt.

3. Schiller – Genie des freien Geistes

Friedrich Schiller, 1759 – 1805

Friedrich Schiller verbindet man mit dem Idealismus und dem Ideal der Freiheit. Der deutsche Idealismus ist nicht ein weltfernes Konzept, nicht ein fernes Ziel, auf das man hofft oder nur träumt, sondern eine höhere Vorstellung der Welt und des Lebens, die man anstreben und umsetzen kann.

Dieser Idealismus ist dichterisches und philosophisches Programm. Man will sich selbst und auch die Welt ver-vollkommnen. Ein hoher Anspruch, sicher. Ein Anspruch, den man dann hat, wenn man begeistert ist, inspiriert, wenn man den Enthusiasmus spürt und lebt.

1788 schrieb Schiller ein längeres Gedicht (25 Strophen) über die **Götter Griechenlands**. Die Zeit der Antike sieht er in einem positiven Licht, der Polytheismus der Griechen drückt die schöne Vielfalt der Natur aus, und er entspricht den seelischen Bedürfnissen. Die Natur war schön, überall sah man das Wirken göttlicher Kräfte. Für die deutschen Dichter, die sich an Griechenland und seiner Kultur orientierten, war die damalige Welt ein goldenes Zeitalter, ein wahres *Paradies* sozusagen.

Da ihr noch die schöne Welt regieret,
An der Freude leichtem Gängelband
Glücklichere Menschenalter führtet,
Schöne Wesen aus dem Fabelland!
Ach, da euer Wonnedienst noch glänzte,
Wie ganz anders, anders war es da!
Da man deine Tempel noch bekränzte,
Venus Amathusia!

Da der Dichtung malerische Hülle
Sich noch lieblich um die Wahrheit wand, –
Durch die Schöpfung floß da Lebensfülle,
Und was nie empfinden wird, empfand.
An der Liebe Busen sie zu drücken,
Gab man höhern Adel der Natur,
Alles wies den eingeweihten Blicken,
Alles eines Gottes Spur.

Aber durch die monotheistische Religion wurde die alte Welt zerstört und die Natur entzaubert. Die Einseitigkeit des christlichen Gottesbegriffes und die Tatsache, dass Gott ins Jenseits verlegt wurde, lässt die Menschen in einer kalten Welt zurück, in der sie jetzt nach Schönheit und Poesie suchen.

> Schöne Welt, wo bist du? – Kehre wieder,
> Holdes Blüthenalter der Natur!
> <u>Ach, nur in dem Feenland der Lieder</u>
> <u>Lebt noch deine goldne Spur.</u>
> <u>Ausgestorben trauert das Gefilde,</u>
> <u>Keine Gottheit zeigt sich meinem Blick,</u>
> <u>Ach, von jenem lebenwarmen Bilde</u>
> <u>Blieb nur das Gerippe mir zurück.</u>

> Alle jene Blüthen sind gefallen
> Von des Nordens winterlichem Wehn;
> *Einen* zu bereichern unter Allen,
> Mußte diese Götterwelt vergehn.
> Traurig such' ich an dem Sternenbogen,
> Dich, Selene, find' ich dort nicht mehr;
> Durch die Wälder ruf' ich, durch die Wogen,
> Ach! sie wiederhallen leer!

Amathus: Verehrungort der Aphrodite (Venus). Selene: Göttin des Mondes

Später hat Schiller eine zweite, reduzierte Fassung veröffentlicht. Vermutlich wollte er die Kritik am christlichen Weltbild etwas abschwächen, denn seine erste Fassung war teilweise scharf kritisiert worden.

Die Wertschätzung der griechischen Götterwelt mag uns heute fremd erscheinen, denn das ist kein allgemeines Bildungswissen mehr. Aber diese Götterwelt passt eigentlich mehr zu den Deutschen als die orientalische Vorstellung eines absoluten, jenseitigen Gottes, der jedoch willkürlich in seine „Schöpfung" eingreifen kann, wie er will, ganz wie ein

Despot eben.

Schiller und andere deutsche Dichter wollten sich vom spirituellen Despotismus befreien, ganz so wie von der absolutistischen Macht der Fürsten und Könige.

Es gab eine französische Revolution. Es gab keine deutsche Revolution – oder eben nur in den Gedanken, im „Idealismus". Aber ich sehe das nicht als Defizit an, im Gegenteil. Wenn man eine andere Wirklichkeit wünscht, braucht man eine andere Gedankenwelt.

„Die Sendung Moses"

So lautet der Titel einer Vorlesung Schillers aus dem Jahre 1789, also dem Jahr der französischen Revolution. Es geht darum, dass eine Religion der Vernunft vermittelt wurde, aber eigentlich nicht richtig, weil das Eigentliche wieder zurückgenommen wurde.

„Die Botschaft ist also der Monotheismus der Vernunft. Die These, daß Moses diesen Monotheismus nicht durch eine Offenbarung, sondern als Geheimlehre von ägyptischen Priestern übernommen hatte, mußte auf ein größere Publikum provozierend wirken. Unter Freimaurern und Illuminaten war sie indes schon bekannt." (Safranski, Schiller, S.320)

Zur damaligen Zeit gab es einen weiteren Streit, nämlich um die These von Spinoza, dass Gott und Natur gleichzusetzen seien. (Deus sive natura.) Dieser Gott ist kein personalisierter gegenüber einer Welt, kein Gott jenseits der ganzen Wirklichkeit.

Das ägyptische Gotteskonzept beschreibt eigentlich die Wirklichkeit, die von einem universellen Zusammenhang geprägt ist. Alles hängt mit allem zusammen.

Moses, der ein politisches Ziel hatte, nämlich die Befreiung und den festen Zusammenhalt des jüdischen Volkes, veränderte das abstrakt-universelle Gotteskonzept dahingehend, dass er den Gott zu einem persönlichen Gott der Juden machte, ausschließlich, der somit sein Volk auserwählt hatte.

„Dieses heidnische Gewand war der Glaube an die Auserwähltheit, den er ihnen vermittelte. Ein universeller unpersönlicher Gott mit persönlichen Vorlieben – das war die geniale und überaus wirkungsmächtige Erfindung von Moses." (Safranski, S.323)

Das Wort „heidnisch" bedeutet hier vielleicht so viel wie: nicht so weit entwickelt, nicht das ganze System von Welt und Natur begreifend. Die Einseitigkeit eines Volkes, das nur sich für gut und wertvoll hält. Die anderen sind die Amalekiter, die man vernichten muss. (Wenn ich das Wort „heidnisch" verwende, meine ich damit eine naturverbundenen Weltanschauung.)

Für Schiller ist der Monotheismus viel zu einfach. Er kann der komplexen Wirklichkeit niemals gerecht werden. Für Dichtung und Poesie sind viele Götter, also der Polytheismus, weitaus interessanter. Schiller ist ein Vertreter, wie andere deutsche Dichter auch, einer **ästhetischen Religion**, die viele Götter und Göttinnen kennt.

Wenn Gott und Natur gleichgesetzt werden, dann muss allerdings auch das Böse und Destruktive integriert werden. Man kann in der Natur den schönen, harmonischen Zusammenhang sehen – aber auch die andere Seite, die Schattenseite. Beide Seiten ergeben erst die ganze Wirklichkeit.

„Doch auch mit diesem „göttlichen" Naturzusammenhang hatte Schiller bekanntlich seine Probleme. Die so verstandene Natur wirkte auf ihn wie ein Kippbild: einmal sieht man in ihr *fühllose Notwendigkeit*, das andere Mal *lebenden und liebenden Zusammenhang*, je nachdem, wie man selbst gestimmt ist bei der Annäherung an die Geheimnisse der Natur." (S.324)

Kommen wir zu der Frage nach dem Deutschen. Haben wir einen Gott, der uns auserwählt hat? Haben wir einen Gott, den wir als einen Gott der Deutschen bezeichnen könnten? Woran orientieren sich die Christen in Deutschland, und zu welchem Volk rechnen sie sich in spiritueller Hinsicht?

Der Leser kann sich die Fragen selbst beantworten.

Schiller hatte sich damals, wie Goethe und Hölderlin, an der griechischen Götterwelt orientiert. Ein Jahrhundert später versuchte man es in Deutschland mit der germanischen Götterwelt. Geblieben scheint mir heute nichts davon zu sein. Christen schätzen das Alte Testament als ultimativen Maßstab (und eben nicht die individuelle Gotteserfahrung von

Jesus, die an indische Gotteserfahrungen erinnert). Der allmächtige Schöpfergott der Genesis ist für sie das Wichtigste.

Wer heute vom allgemeinen Zusammenhalt der Welt spricht, tut dies meist ohne ein Gotteskonzept. Physikalische, biologische und andere naturwissenschaftliche Erklärungen reichen dem modernen Menschen völlig aus. Das Adjektiv „deutsch" wird da nicht gebraucht.

Der spielende Mensch (homo ludens)

Wenn Schiller die Deformation der modernen Zivilisation analysiert, dann können wir uns aus heutiger Sicht sicher fragen, was damals denn überhaupt so *deformiert* gewesen sei, denn uns stellt sich die Zeit um 1800 eher als eine gute, alte Zeit dar, auch wenn wir wissen, dass es Kriege gegeben hat.

Als Lösung für den Zustand der Menschen, der von Nützlichkeit und dem Realitätsprinzip, also vor allem den ökonomischen Zwängen, beherrscht wird, diktatorisch beherrscht, sieht Schiller, der Dichter der individuellen Freiheit, in der Schönheit, in der ästhetischen Erziehung und Bildung und im „Spiel". Eigentliches Mensch-Sein zeigt sich für Schiller erst im „Spiel".

Schiller versteht darunter den freien Umgang mit den Kräften des Menschen, vor allem den geistigen Kräften wie der Einbildungskraft, der künstlerischen Gestaltung und dem Philosophieren.

Die Kunst sollte keiner Moral, keiner Nützlichkeit, keinen rigiden Regeln unterjocht werden. Sie sollte frei sein, eine freie Entfaltung des Geistes, und sich selbst genügen, also keinem anderen Zwecke dienen als der von ihr geschaffenen Schönheit.

„Das freie Spiel des Denkens, der Einbildungskraft und der Empfindungen heilt, so Schillers Idee, die Wunden, welche die fragmentierende Arbeitsteilung, die Fühllosigkeit der bloß theoretischen Kultur (heute würden wir sagen Wissenschaftsgesellschaft) und die dumpfe Welt der entfesselten tierischen Bedürfnisse dem Menschen in der Moderne zufügt. Das künstlerische Spiel erlaubt es ihm, die zersplitterten Kräfte zu sammeln und etwas Ganzes, eine Totalität im Kleinen zu werden, wenn auch nur im befristeten Augenblick und im Bereich des Kunstschönen. Im Genuß des Schönen erlebt er den Vorgeschmack einer Fülle, die im praktischen Leben und in der geschichtlichen Welt noch aussteht." (Safranski, S.417)

Heutzutage wird exzessiv gespielt. Man spielt mit allem herum. Man *verspielt* sogar die Zukunft, indem man alle Exzesse laufen lässt und keine Ordnung, keine Grenzen akzeptieren und anerkennen will. Den gegenwärtigen Spielwahnsinn hatte Schiller nicht im Sinne, als er dachte, damit einen Therapievorschlag für eine zersplitterte Gesellschaft gemacht zu haben. Ich könnte mir gut vorstellen, dass er heute nicht mehr vom „Spiel" oder vom „homo ludens" sprechen würde.

Damals erschien es ihm sinnvoll, als Kontrast zu einer rigiden Gesellschaft und Ökonomie. Ein edles, kreatives, künstlerisches Spiel sollte die Rigidität überwinden. Eine Therapie für die deutschen Nützlichkeitsfanatiker, die auf das Primat der Nützlichkeit und des Profits fixiert sind? Hölderlin hatte später seinen ganzen Hass auf die Nützlichkeitsfanatiker in seinem Hyperion zum Ausdruck gebracht.

Schillers Idee und Ideal ist das einer gebildeten und kultivierten Nation. Es reicht sicher nicht aus, wenn man das abstrakt oder im Allgemeinen gut findet, es aber dann doch nicht wirklich umsetzt und lebt. Ich würde nicht sagen wollen, dass wir in Deutschland oder an den Schulen Schillers Ideale realisiert haben. Wenn man sie überhaupt noch präsentieren sollte, dann vermutlich nur als schöne Ideale des klassischen Zeitalters, sich anschließend aber doch für die Nützlichkeit, in welcher Form auch immer, entscheidet. Die Digitalisierung, von der gegenwärtig oft gesprochen wird, halte ich für die Vernichtung der ganzen künstlerischen und kreativen Kultur. Um Gedichte, Dramen, Poesie, Philosophie und jede Art von Kunst zu verstehen und lebendig zu halten, brauchen wir keine Digitalisierung.

Das viele Spielen, um darauf zurückzukommen, das man im Fernsehen und in allen Medien permanent sehen kann, scheint mir eher der Verblödung der Menschen zu dienen. Das ist vermutlich sehr nützlich für die die Fäden ziehenden Profiteure im verdunkelten Hintergrund.

Aus Schiller Gedichtfragment über die **deutsche Größe** als Kultur-nation:

Finster zwar und grau von Jahren,
aus den Zeiten der Barbaren
Stammt der Deutschen altes Reich.
Doch lebend'ge Blumen grünen
über gotischen Ruinen gleich.

Das ist nicht des Deutschen Größe,
obzusiegen mit dem Schwert,
in das Geisterreich zu dringen,
Vorurteile zu besiegen,
männlich mit dem Wahn zu ringen,
das ist seines Eifers wert.

Schwere Ketten drücken alle
Völker auf dem Erdenballe,
als der Deutsche sie zerbrach,
Fehde bot dem Vatikane,
Krieg ankündigte dem Wahne,
der die ganze Welt bestach.

Höhern Sieg hat er errungen,
der der Wahrheit Blitz geschwungen,
der die Geister selbst befreit.
Freiheit der Vernunft erfechten,
heißt für alle Völker rechten,
gilt für alle ew'ge Zeit.

Deutschlands Majestät und Ehre
ruhet nicht auf dem Haupt seiner Fürsten.
Stürzt auch in Kriegesflammen
Deutschlands Kaiserreich zusammen,
Deutsche Größe bleibt bestehen.

Weitere Fragmente des unvollendeten Gedichts:

Nach dem Höchsten soll er streben,
die Natur und das Ideal.
Er verkehrt mit dem Geist der Welten.
Ihm ist das Höchste bestimmt,
die Menschheit, die allgemeine,
in sich zu vollenden und das Schönste,
was bei allen Völkern blüht,
in einem Kranze zu vereinen
Und so wie er in der Mitte
von Europens Völkern sich befindet,
So ist er der Kern der Menschheit,
Jene sind die Blüte und das Blatt.

Er ist erwählt von dem Weltgeist, während des Zeitkampfs an dem ewgen Bau der Menschenbildung zu arbeiten, zu bewahren, was die Zeit bringt. Daher hat er bisher Fremdes sich angeeignet und es in sich bewahrt. Alles was Schätzbares bei andern Zeiten und Völkern aufkam, mit der Zeit entstand und schwand, hat er aufbewahrt, es ist ihm unverloren, die Schätze von Jahrhunderten. Nicht im Augenblick zu glänzen und seine Rolle zu spielen, sondern den großen Prozess der Zeit zu gewinnen.

Jedes Volk hat seinen Tag in der Geschichte, doch der Tag des Deutschen ist die Ernte der ganzen Zeit. Jedem Volk der Erde glänzt einst sein Tag in der Geschichte, wo es strahlt im höchsten Lichte und mit hohem Ruhm sich kränzt, doch des Deutschen Tag wird scheinen, wenn der Zeiten Kreis sich füllt, wenn die Scharen sich vereinen In der Menschheit schönes Bild!

Soweit Schiller.

Safranski schreibt dazu:

„Wie sollte man bei solchen Aussichten nicht daran glauben, daß es der *Weltgeist* ist, der die Deutschen *erwählt* hat für jene große Mission, Freiheit und schöne Humanität in Deutschland zu befördern? Schiller hat sich nicht träumen lassen, daß aus der Verspätung der Nation statt demokratischer und kultureller Reife besondere Hysterien und Ressentiments entspringen würden, daß die langsam gewachsene Kultur und Bildung nicht kräftig genug sein würden, um die Barbarei zu verhindern, und daß diese Kultur sich sogar würde instrumentalisieren lassen für die Zwecke der Barbarei.

Wir wissen nicht, warum Schiller das Gedicht „Deutsche Größe" nicht ausführte. War ihm vielleicht die deutsche Mission auch für seinen Geschmack zu grandios geraten? Erhob die Realität in ihm Einspruch gegen die allzu idealistische Vision vom Vorteil der Verspätung und der Langsamkeit?" (Safranski, S.497)

Vielleicht, so könnte ich mir vorstellen, hat Schiller sein Gedicht zu sehr als politische Propaganda empfunden, als zu deutliche und klare Stellungnahme in der politischen Auseinandersetzung. Schon damals, zur Zeit von Napoleon und der Vormachtstellung der Franzosen in Europa, führten Gespräche über Politik zu endlosen Streitereien. Schillers Ziel war es hohe Kunstwerke zu schaffen, nicht am Geschäft der Tagespolitik teilzunehmen.

Dichter sind da manchmal in einer prekären Lage, einerseits wollen sie auf den Zeitgeist reagieren und ihr Weltbild zum Ausdruck bringen, andererseits wollen sie etwas schaffen, das über-zeitlich ist und möglichst auch zukünftigen Generationen etwas zu sagen hat.

Dichter gehören nicht unbedingt zur realen, materiellen Welt. Sie leben in ihrem persönlichen Reich der Gedanken und schönen Formulierungen, in einem Reich der Poesie. Dazu das folgende Gedicht von Schiller.

Die Teilung der Erde

„Nehmt hin die Welt!" rief Zeus von seinen Höhen
Den Menschen zu. „Nehmt, sie soll euer sein!
Euch schenk ich sie zum Erb und ewgen Lehen -
Doch teilt euch brüderlich darein!"

Da eilt', was Hände hat, sich einzurichten,
Es regte sich geschäftig jung und alt.
Der Ackermann griff nach des Feldes Früchten,
Der Junker birschte durch den Wald.

Der Kaufmann nimmt, was seine Speicher fassen,
Der Abt wählt sich den edeln Firnewein,
Der König sperrt die Brücken und die Straßen
Und sprach: „Der Zehente ist mein."

Ganz spät, nachdem die Teilung längst geschehen,
Naht der Poet, er kam aus weiter Fern -
Ach! da war überall nichts mehr zu sehen,
Und alles hatte seinen Herrn!

„Weh mir! So soll denn ich allein von allen
Vergessen sein, ich, dein getreuster Sohn?"
So ließ er laut der Klage Ruf erschallen
Und warf sich hin vor Jovis Thron.

„Wenn du im Land der Träume dich verweilet,"
Versetzt der Gott, „so hadre nicht mit mir.
Wo warst du denn, als man die Welt geteilet?"
„Ich war", sprach der Poet, „bei dir.

„Mein Auge hing an deinem Angesichte,
An deines Himmels Harmonie mein Ohr -
Verzeih dem Geiste, der, von deinem Lichte
Berauscht, das Irdische verlor!"

„Was tun?" spricht Zeus, „die Welt ist weggegeben,
Der Herbst, die Jagd, der Markt ist nicht mehr mein.
Willst du in meinem Himmel mit mir leben -
So oft du kommst, er soll dir offen sein."

Teile des Gedichtes „Ode an die Freude" (1785; m.U.) wurden von Beethoven für seine neunte Symphonie verwendet, den letzten Satz hat man für die Europahymne verwendet. Hier der Anfang des Gedichtes von Schiller.

Freude, schöner Götterfunken,
Tochter aus Elysium,
Wir betreten feuertrunken
Himmlische, dein Heiligtum.
Deine Zauber binden wieder,
Was der Mode Schwert geteilt;
Bettler werden Fürstenbrüder,
Wo dein sanfter Flügel weilt.
Chor
Seid umschlungen, Millionen!
Diesen Kuß der ganzen Welt!
<u>Brüder – überm Sternenzelt</u>
<u>Muß ein lieber Vater wohnen.</u>

Wem der große Wurf gelungen,
Eines Freundes Freund zu sein;
Wer ein holdes Weib errungen,
Mische seinen Jubel ein!
Ja – wer auch nur *eine* Seele
Sein nennt auf dem Erdenrund!
Und wers nie gekonnt, der stehle
Weinend sich aus diesem Bund!

Chor
Was den großen Ring bewohnet,
Huldige der Sympathie!
Zu den Sternen leitet sie,
Wo der *Unbekannte* thronet.

Freude trinken alle Wesen
An den Brüsten der Natur,
Alle Guten, alle Bösen
Folgen ihrer Rosenspur.
Küsse gab sie *uns* und *Reben,*

Einen Freund, geprüft im Tod.
Wollust ward dem Wurm gegeben,
Und der Cherub steht vor Gott.

Chor
Ihr stürzt nieder, Millionen?
Ahndest du den Schöpfer, Welt?
<u>Such ihn überm Sternenzelt,</u>
<u>Über Sternen muß er wohnen.</u>

Freude heißt die starke Feder
in der ewigen Natur.
Freude, Freude treibt die Räder
in der großen Weltenuhr.
Blumen lockt sie aus den Keimen,
Sonnen aus dem Firmament,
Sphären rollt sie in den Räumen,
die des Sehers Rohr nicht kennt!

Die erste Strophe lautete später: *was die Mode streng geteilt, alle Menschen werden Brüder...*

Bei der Ode kann man sich fragen, welche spirituelle Sichtweise Schiller hier präsentieren möchte. Betont er mehr eine natur-spirituelle Sicht, oder doch eine christliche? Es beginnt ja griechisch, und später kommt der „Vater" und in der fünften Strophe erscheint der „Cherub". Ist die Vermischung der kulturellen Hintergründe Absicht, oder eben nur poetische Notwendigkeit? Wenn Schiller ein innerweltliches Gottesbild vertreten hat, dann passen die unterstrichenen Verse nicht dazu.

Eine weitere Frage, die sich mir stellt, ist die nach dem Alkohol. Ist die Ode und der ganze Text geprägt von alkoholischer Inspiration?

Bleibt die Frage nach dem Seelenkonzept. Sind alle Menschen im Rausch der Freude miteinander verbunden, lösen sich ihre trennenden Individualitäten auf, fühlen sie sich eins mit der Natur und dem Kosmos, zerschmelzen sie im ozeanischen Einheitsgefühl – oder ist das alles nur eine Illusion, ein Traum benebelter Weintrinker?

Die Idee einer Kulturnation

Goethe, Schiller und die anderen Dichter und Denker mögen es damals als Ziel der deutschen Nation angesehen haben, eine *Kulturnation* zu werden. Ihr Werk hat sicher dazu beigetragen, hat uns einen großen „Schatz" hinterlassen. Wir können, wenn wir wollen, uns diesem „Schatz" widmen, ihn studieren, von ihm lernen, uns bereichern, erbauen und erfüllen lassen. Wenn wir Musiker wie Beethoven oder Maler wie Caspar David Friedrich dazu nehmen, dann haben wir sogar noch viel mehr. Wir haben somit ein großes kulturelles Erbe, das sich mit keiner anderen Epoche der deutschen Geistesgeschichte vergleichen lässt.

Es stellt sich die Frage, ob wir eine *Kulturnation* geworden sind oder werden wollten?

Ich denke, dass wir es nicht geworden sind, wenn wir die Geschichte seit der Goethezeit betrachten, und es auch nicht anstreben, wenn wir die gegenwärtige Zeit anschauen.

Gegenwärtig geht es nicht vorrangig um Kultur oder um kulturelles Erbe. Kultur, also Kunst, Musik, Dichtung, Philosophie, Spiritualität als Ziel und Zweck des Landes darzustellen, würde vielen vermutlich merkwürdig oder gar abartig vorkommen – so wie das Ziel *Glück*, das sich Bhutan vorgenommen hat. Mir scheint Deutschland sehr materialistisch orientiert zu sein. Das große, dicke Auto ist da für mich das Symbol dieses Materialismus schlechthin. Das ist das *goldene Kalb* der Deutschen, die *heilige Kuh*. Man schaue sich an, wie materialistisch Weihnachten geworden ist. Kontemplation steht da wahrlich nicht im Zentrum, und bescheiden oder gar demütig will man schon gar nicht sein. Beschränkung und Verzicht sind keine Ideale.

Eine spirituelle Kulturnation waren und sind wir auch niemals gewesen, trotz vieler großer theologischer Denker. Die reaktionären Kirchen haben davon nichts angenommen, denn den Kern ihres Weltbildes haben sie aus dem Alten Testament. Die meisten Menschen, die überhaupt noch gläubig sind, ebenfalls nicht. Meister Eckhart oder Jacob Böhme werden nur von Spezialisten gelesen und studiert.

4. Hölderlin und sein Traum vom deutschen Vaterland

Friedrich Hölderlin, 1770 – 1844

Hölderlin gehört zu den deutschen Dichtern, die an ihrem „Vaterland" extrem gelitten haben. Es war kein freies Land, keine „Republik", alles andere als ein demokratisches Land, und es war kein geistig-spirituelles Land wie Griechenland. Dieses war damals für Dichter und Denker der Maßstab schlechthin. Man verstand das Land der Antike und seine Kultur als eine Orientierung. Hölderlin hat sich selbst als *Grieche* verstanden. Ob er nun tatsächlich so etwas wie eine Wiedergeburt eines griechischen Dichters war oder nicht, soll hier nur angerissen werden.

Was die Politik betrifft, so hat sich Hölderlin ein von Fürsten und Adligen befreites Land gewünscht, also das, was heute unter dem Begriff „Demokratie" läuft, obgleich jeder weiß, wer tatsächlich die Macht hat.

Was das Thema der Sensibilität, bei ihm wohl Hypersensibilität, betrifft, hat er sich feinfühligere und empfindsamere Menschen gewünscht, die ihm mehr Achtung und Wertschätzung gegenüber zeigen.

Was das Thema der Dichtung betrifft, hat er sich eine Rolle als deutscher Nationaldichter oder als Dichter der Deutschen gewünscht. Natürlich in keiner Weise nationalistisch zu verstehen, sondern als eine Art Vates, Seher, Prophet o.ä. des deutschen Volkes.

Was das Thema der Religion betrifft, hat er von einer Befreiung vom rigiden, naturfernen Christentum geträumt. Sein romantischer Wunsch war eine poetische, seelische, hochgeistige, die Natur verehrende Religion, wie er sie bei den Griechen studiert hatte.

Die genannten Elemente kann man in seinen Gedichten erkennen.

An die Deutschen

Spottet nimmer des Kinds, wenn noch das alberne
  Auf dem Rosse von Holz herrlich und viel sich dünkt,
    O ihr Guten! auch wir sind
      <u>Tatenarm und gedankenvoll!</u>

Aber kommt, wie der Strahl aus dem Gewölke kommt,
  Aus Gedanken vielleicht, geistig und reif die Tat?
    Folgt die Frucht, wie des Haines
      Dunklem Blatte, der stillen Schrift?

Und das Schweigen im Volk, ist es die Feier schon
  Vor dem Feste? die Furcht, welche den Gott ansagt?
    O dann nimmt mich, ihr Lieben!
      Daß ich büße die Lästerung.

Schon zu lange, zu lang irr ich, dem Laien gleich,
  In des bildenden Geists werdender Werkstatt hier,
    Nur was blühet, erkenn ich,
      Was er sinnet, erkenn ich nicht.

Und zu ahnen ist süß, aber ein Leiden auch,
  Und schon Jahre genug leb ich in sterblicher
    Unverständiger Liebe
      Zweifelnd, immer bewegt vor ihm,

Der das stetige Werk immer aus liebender
  Seele näher mir bringt, lächelnd dem Sterblichen,
    Wo ich zage, des Lebens
      Reine Tiefe zu Reife bringt.

Schöpferischer, o wann, Genius unsers Volks,
  Wann erscheinest du ganz, Seele des Vaterlands,
    Daß ich tiefer mich beuge,
      Daß die leiseste Saite selbst

Mir verstumme vor dir, daß ich beschämt
  Eine Blume der Nacht, himmlischer Tag, vor dir
    Enden möge mit Freuden,

Wenn sie alle, mit denen ich

Vormals trauerte, wenn unsere Städte nun
  Hell und offen und wach, reineren Feuers voll
    Und die Berge des deutschen
      Landes Berge der Musen sind,

Wie die herrlichen einst, Pindos und Helikon,
  Und Parnassos, und rings unter des Vaterlands
    Goldnem Himmel die freie,
      Klare, geistige Freude glänzt.

Wohl ist enge begrenzt unsere Lebenszeit,
  Unserer Jahre Zahl sehen und zählen wir,
    Doch die Jahre der Völker,
      Sah ein sterbliches Auge sie?

Wenn die Seele dir auch über die eigne Zeit
  Sich, die sehnende, schwingt, trauernd verweilest du
    Dann am kalten Gestade
      Bei den Deinen und kennst sie nie,

Und die Künftigen auch, sie, die Verheißenen,
  Wo, wo siehest du sie, daß du an Freundeshand
    Einmal wieder erwarmest,
      Einer Seele vernehmlich seist?

Klanglos, ists in der Halle längst,
  Armer Seher! bei dir, sehnend verlischt dein Aug
    Und du schlummerst hinunter
      Ohne Namen und unbeweint.

Gesang des Deutschen

O heilig Herz der Völker, o Vaterland!
    Allduldend, gleich der schweigenden Mutter Erd',
        Und allverkannt, wenn schon aus deiner
            Tiefe die Fremden ihr Bestes haben!

Sie ernten den Gedanken, den Geist von dir,
    Sie pflücken gern die Traube, doch höhnen sie
        Dich, ungestalte Rebe! daß du
            Schwankend den Boden und wild umirrest.

Du Land des hohen ernsteren Genius!
    Du Land der Liebe! bin ich der deine schon,
        Oft zürnt' ich weinend, daß du immer
            Blöde die eigene Seele läugnest.

Doch magst du manches Schöne nicht bergen mir;
    Oft stand ich überschauend das holde Grün,
        Den weiten Garten hoch in deinen
            Lüften auf hellem Gebirg' und sah dich.

An deinen Strömen ging ich und dachte dich,
    Indes die Töne schüchtern die Nachtigall
        Auf schwanker Weide sang, und still auf
            Dämmerndem Grunde die Welle weilte.

Und an den Ufern sah ich die Städte blühn,
    Die Edlen, wo der Fleiß in der Werkstatt schweigt,
        Die Wissenschaft, wo deine Sonne
            Milde dem Künstler zum Ernste leuchtet.

Kennst du Minervas Kinder? sie wählten sich
    Den Oelbaum früh zum Lieblinge; kennst du sie?
        Noch lebt, noch waltet der Athener

Seele, die sinnende, still bei Menschen,

Wenn Platons frommer Garten auch schon nicht mehr
    Am alten Strome grünt und der dürftge Mann
       Die Heldenasche pflügt, und scheu der
          Vogel der Nacht auf der Säule trauert.

O heilger Wald! o Attika! traf Er doch
    Mit seinem furchtbarn Strale dich auch, so bald,
       Und eilten sie, die dich belebt, die
          Flammen entbunden zum Aether über?

Doch, wie der Frühling, wandelt der Genius
    Von Land zu Land. Und wir? ist denn Einer auch
       Von unsern Jünglingen, der nicht ein
          Ahnden, ein Rätsel der Brust, verschwiege?

Den deutschen Frauen danket! sie haben uns
    Der Götterbilder freundlichen Geist bewahrt,
       Und täglich sühnt der holde klare
          Friede das böse Gewirre wieder.

Wo sind jetzt Dichter, denen der Gott es gab,
    Wie unsern Alten, freudig und fromm zu sein,
       Wo Weise, wie die unsre sind? die
          Kalten und Kühnen, die Unbestechbarn!

Nun! sei gegrüßt in deinem Adel, mein Vaterland,
    Mit neuem Nahmen, reifeste Frucht der Zeit!
       Du letzte und du erste aller
          Musen, Urania, sei gegrüßt mir!

Noch säumst und schweigst du, sinnest ein freudig Werk,
    Das von dir zeuge, sinnest ein neu Gebild,
       Das einzig, wie du selber, das aus
          Liebe geboren und gut, wie du, sei –

> Wo ist dein Delos, wo dein Olympia,
>   Daß wir uns alle finden am höchsten Fest? –
>   Doch wie errät der Sohn, was du den
>   Deinen, Unsterbliche, längst bereitest?

(m.U.)

Man könnte sich die Frage, stellen, wie Hölderlin heute, 2020, dieses Land sehen würde, wie er es empfinden, wie es bedichten würde. Natürlich können wir diese Frage nur stellen, wir können sie nicht beantworten, denn jeder Dichter lebt in seiner Zeit, in seiner Epoche, in einem begrenzten historischen Kontext. Ein paar Jahre später ist schon wieder alles verändert. Was heute gilt, ist schon in zehn bis zwanzig Jahren anders.

Wie seine Strophen und Verse, wie seine Syntax, so ist auch Hölderlins Geist gebrochen und zerrüttet. Zwischen Zweifeln, Fragen und euphorischen Ausrufen schwankt seine Seele hin und her. Es gibt kein starkes, spirituell-poetisches Vaterland, es gibt somit für ihn keine starke, einheitliche Seelenstimmung.

Griechenland ist und bleibt ihm das ideale Modell für den Staat und die Religion. Das mag nur eine Projektion sein. Ein verzweifelter Selbsttherapieversuch für die eigene, prekäre Lage.

Griechenland und seine Kultur – ein romantisches Sehnsuchtsland. Ein Land poetischer, ästhetischer Ideale, denn Hölderlin war real niemals dort gewesen. Er war nie in Delos (siehe letzte Strophe oben) gewesen. Und selbst wenn, er hätte dort nichts außer Ruinen gefunden! In den Ruinen und Resten einer Kultur ist kein Leben. Griechenlands große Zeit ist lange vorbei. Eine Beschwörung der großen Vergangenheit durch Lektüre von Homer, Sophokles, Platon etc. bleibt am Ende nur ein Gedankenspiel.

Griechenland war Hölderlins *Shangrila,* sein Land der Ideale. Das reale Deutschland damals war weder ein geistiges Land, eine *Theokratie der Schönheit*, noch eine freie Republik. (S.107, reclam-Ausgabe)

Hölderlin idealisiert die Griechen, vor allem die Athener. Sie erscheinen ihnen wie vollkommene Menschen und er sieht in ihnen ein Modell für die Zukunft des Einzelnen und auch der ganzen Gesellschaft. Um so enttäuschter ist er später, wenn er nach Deutschland kommt.

So war der Athener ein Mensch, fuhr ich fort, so mußt er es werden. Schön kam er aus den Händen der Natur, schön, an Leib und Seele, wie man zu sagen pflegt.

Das erste Kind der menschlichen, der göttlichen Schönheit ist die Kunst. In ihr verjüngt und wiederholt der göttliche Mensch sich selbst. Er will sich selber fühlen, darum stellt er seine Schönheit gegenüber sich. So gab der Mensch sich seine Götter. Denn im Anfang war der Mensch und seine Götter Eins, da, sich selber unbekannt, die ewige Schönheit war. – Ich spreche Mysterien, aber sie sind.–

Das erste Kind der göttlichen Schönheit ist die Kunst. So war es bei den Athenern.

Der Schönheit zweite Tochter ist Religion. Religion ist Liebe der Schönheit. Der Weise liebt sie selbst, die Unendliche, die Allumfassende; das Volk liebt ihre Kinder, die Götter, die in mannigfaltigen Gestalten ihm erscheinen. Auch so wars bei den Athenern. Und ohne solche Liebe der Schönheit, ohne solche Religion ist jeder Staat ein dürr Gerippe ohne Leben und Geist, und alles Denken und Tun ein Baum ohne Gipfel, eine Säule, wovon die Krone herabgeschlagen ist.

Daß aber wirklich dies der Fall war bei den Griechen und besonders den Athenern, daß ihre Kunst und ihre Religion die echten Kinder ewiger Schönheit – vollendeter Menschennatur – sind, und nur hervorgehn konnten aus vollendeter Menschennatur, das zeigt sich deutlich, wenn man nur die Gegenstände ihrer heiligen Kunst, und die Religion mit unbefangenem Auge sehn will, womit sie jene Gegenstände liebten und ehrten.

Mängel und Mißtritte gibt es überall und so auch hier. Aber das ist sicher, daß man in den Gegenständen ihrer Kunst doch meist den reifen Menschen findet. Da ist nicht das Kleinliche, nicht das Ungeheure der Aegyptier und Goten, da ist Menschensinn und Menschengestalt. Sie schweifen weniger als andre, zu den Extremen des Übersinnlichen und des Sinnlichen aus. In der schönen Mitte der Menschheit bleiben ihre Götter mehr, denn andre. (Hyperion S. 89, m.U.)

Am Ende des ersten Bandes des Hyperion steht das ferne Ziel, das uns heute vielleicht etwas absolut und rein ästhetisch vorkommen mag.

„Sie werden kommen, deine Menschen, Natur! Ein verjüngtes Volk wird dich auch wieder verjüngen, und du wirst werden, wie seine Braut und der alte Bund der Geister wird sich erneuen mit dir.

Es wird nur Eine Schönheit sein; und Menschheit und Natur wird sich vereinen in Eine allumfassende Gottheit." (S.101, m.U.)

Am Ende des Roman zerfällt Hyperions ästhetisches Gedankengebäude, als er mit der deutschen Realität konfrontiert wird.

Im folgenden Text, der am Ende (S. 171) des Romans Hyperion steht, lässt Hölderlin seiner ganzen Enttäuschung und seinem Zorn, um nicht zu sagen, Hass, freien Lauf. Man kann sich fragen, ob er damit nur sein eigenes Problem mit den Deutschen ausdrückt, oder wahre Elemente des Deutschen.

„So kam ich unter die Deutschen. Ich forderte nicht viel und war gefaßt, noch weniger zu finden. Demütig kam ich, wie der heimatlose blinde Oedipus zum Tore von Athen, wo ihn der Götterhain empfing; und schöne Seelen ihm begegneten –

Wie anders ging es mir!

Barbaren von alters her, durch Fleiß und Wissenschaft und selbst durch Religion barbarischer geworden, tiefunfähig jedes göttlichen Gefühls, verdorben bis ins Mark zum Glück der heiligen Grazien, in jedem Grad der Übertreibung und der Ärmlichkeit beleidigend für jede gutgeartete Seele, dumpf und harmonielos, wie die Scherben eines weggeworfenen Gefäßes – das, mein Bellarmin! waren meine Tröster.

Es ist ein hartes Wort und dennoch sag ichs, weil es Wahrheit ist: ich kann kein Volk mir denken, das zerrißner wäre, wie die Deutschen.

Handwerker siehst du, aber keine Menschen, Denker, aber keine Menschen, Priester, aber keine Menschen, Herrn und Knechte, Jungen und gesetzte Leute, aber keine Menschen – ist das nicht, wie ein Schlachtfeld, wo Hände und Arme und alle Glieder zerstückelt untereinander liegen, indessen das vergoßne Lebensblut im Sande zerrinnt?

Ein jeder treibt das Seine, wirst du sagen, und ich sag es auch. Nur muß er es mit ganzer Seele treiben, muß nicht jede Kraft in sich ersticken, wenn sie nicht gerade sich zu seinem Titel paßt, muß nicht mit dieser kargen Angst, buchstäblich heuchlerisch das, was er heißt, nur sein, mit Ernst, mit Liebe muß er das sein, was er ist, so lebt ein Geist in seinem Tun, und ist er in ein Fach gedrückt, wo gar der Geist nicht leben darf, so stoß er es mit Verachtung weg und lerne pflügen! Deine Deutschen aber bleiben gerne beim Notwendigsten, und darum ist bei ihnen auch so viel Stümperarbeit und so wenig Freies, Echterfreuliches. Doch das wäre zu verschmerzen, müssten solche Menschen nur nicht fühllos sein für alles schöne Leben, ruhte nur nicht überall der Fluch der gottverlaßnen Unnatur auf solchem Volke. –

Die Tugenden der Alten sei'n nur glänzende Fehler, sagt' einmal, ich weiß nicht, welche böse Zunge; und es sind doch selber ihre Fehler Tugenden, denn da noch lebt' ein kindlicher, ein schöner Geist, und ohne Seele war von allem, was sie taten, nichts getan. Die Tugenden der Deutschen aber sind ein glänzend Übel und nichts weiter; denn Notwerk sind sie nur, aus feiger Angst, mit Sklavenmühe, dem wüsten Herzen abgedrungen, und lassen trostlos jede reine Seele, die von Schönem gern sich nährt, ach! die verwöhnt vom heiligen Zusammenklang in edleren Naturen, den Mißlaut nicht erträgt, der schreiend ist in all der toten Ordnung dieser Menschen.

Ich sage dir: es ist nichts Heiliges, was nicht entheiligt, nicht zum ärmlichen Behelf herabgewürdigt ist bei diesem Volk, und was selbst unter Wilden göttlichrein sich meist erhält, das treiben diese allberechnenden Barbaren, wie man so ein Handwerk treibt, und können es nicht anders, denn wo einmal ein menschlich Wesen abgerichtet ist, da dient es seinem Zweck, da sucht es seinen Nutzen, es schwärmt nicht mehr, bewahre Gott! es bleibt gesetzt, und wenn es feiert und wenn es liebt und wenn es betet und selber, wenn des Frühlings holdes Fest, wenn die Versöhnungszeit der Welt die Sorgen alle löst, und Unschuld zaubert in ein schuldig Herz, wenn von der Sonne warmem Strahle berauscht, der Sklave seine Ketten froh vergisst und von der gottbeseelten Luft besänftiget, die Menschenfeinde friedlich, wie die Kinder, sind – wenn selbst die Raupe sich beflügelt und die Biene schwärmt, so bleibt der Deutsche doch in seinem Fach und kümmert sich nicht viel ums Wetter!

Aber du wirst richten, heilige Natur! Denn, wenn sie nur bescheiden wären, diese Menschen, zum Gesetze nicht sich machten für die Bessern unter ihnen! wenn sie nur nicht lästerten, was sie nicht sind, und möchten sie doch lästern, wenn sie nur das Göttliche nicht höhnten!"

*

Wie ich oben schon schrieb, muss man sich fragen, ob Hölderlin die Deutschen beschreibt oder seiner sehr großen Enttäuschung Ausdruck geben muss. Sind die Deutschen wirklich nur „Barbaren" und „Handwerker", die keinen wirklichen Sinn für das Geistige, das Schöne und Edle haben?

Der Untertanen-Geist – das Gegenteil des Genius – ist leider ein Element der deutschen Seele. Heinrich Mann hatte ihn im frühen zwanzigsten Jahrhundert thematisiert. (Sein Roman „Der Untertan".)

Hölderlin hat wohl zu viele negative Erfahrungen machen müssen. Seine Feinfühligkeit, seine Sensibilität und Empfindsamkeit wurden zu wenig anerkannt, mit der Folge, dass er der traumatischen Beleidigung seiner zarten Seele Ausdruck geben musste, wobei er dann über das Ziel hinaus schoss und selbst ungerechte Urteile fällte.

5. Novalis – ein universeller Träumer

Novalis, 1772 – 1801; Gemälde von Sybille Kalich

Novalis ist der große deutsche Träumer einer anderen Welt, in der es nicht mehr um die Rationalität und den Materialismus geht, sondern um Poesie und Spiritualität.

Wir mögen das heute als romantische Träumerei abtun, aber ich denke, dass er es ernst gemeint hat. Es war für ihn auch nicht eine rein geistige Angelegenheit, sondern hatte durchaus eine reale Basis, denn Novalis hatte, was man nicht vergessen darf und im Gegensatz zu vielen deutschen Schriftstellern steht, einen praktischen Beruf (Salinenassessor, Supernumerar-Amtshauptmann).

Letztendlich blieb jedoch alles nur Fragment, weil Novalis viel zu früh verstorben ist. Es hätte mehr aus ihm werden können, bzw. er hätte seinen Universalismus, der vielleicht noch philosophischer und spiritueller war als der von Goethe, richtig entwickeln und ausleben können.

Wer ein fertiges, stimmiges und abgeschlossenes System erwartet, der ist bei Novalis falsch. Aus seinen Ansätzen kann man auch nicht nachträglich eines zaubern. Man kann die Inspirationen aufgreifen und sein eigenes kreieren.

Von dem Universalismus des Novalis führt, aus meiner Sicht, ein Weg bis in die moderne ganzheitliche Lebensphilosophie, die Kunst, Spiritualität, Philosophie, Poesie und das normale Leben miteinander verbinden will. Ganzheitlichkeit und komplexe Vernetzung sind für Novalis Kernpunkte seiner Weltanschauung.

Von daher verbietet es sich auch, ihn in ein christlich orientiertes Korsett zu zwängen, denn er wollte darüber ja weit hinaus. Seine Sophia hatte globalen Anspruch.

Zu dem Gedicht:

Sensibilität und Feinfühligkeit müssten entwickelt werden, ebenso eigene spirituelle Erfahrungen und Erkenntnisse. *Die Welt*, also die Gesellschaft, gilt es von Zwängen zu befreien und somit die ganze *äußere Welt* zu verändern. Als Ziel schwebte ihm eine neue mystische Erfahrung vor. Diese Klarheit ist dann nicht nur rationale Erkenntnis, sondern **Erleuchtung**, hat also eine ganz andere Dimension. Novalis wollte nichts weniger als eine umfassende Bewusstseinsveränderung. Das geht weit über einfache Aufklärung oder eine positivistische Art von Wissenschaft hinaus. Märchen und Gedichte können die höhere Dimension ausdrücken, aber sicherlich nicht jedes einfache Hausmärchen und alle gereimten Verse. Für Novalis muss das schon durchdrungen sein von tiefsten und höchsten Erkenntnissen. Das geheime Wort ist nicht ein normales Wort, sondern so etwas wie ein zentrales Mantra. In nuce enthalten Mantren wie das der Weißen Tara, die gewissermaßen auf universeller Ebene der Sophia von Novalis entspricht, eine ganze Philosophie, sind also so etwas wie die berühmte Weltformel.

Wenn nicht mehr Zahlen und Figuren
Sind Schlüssel aller Kreaturen
Wenn die, so singen oder küssen,
Mehr als die Tiefgelehrten wissen,
Wenn sich die Welt ins freye Leben
Und in die Welt wird zurück begeben,

Wenn dann sich wieder Licht und Schatten
Zu ächter Klarheit werden gatten,
Und man in Mährchen und Gedichten
Erkennt die wahren Weltgeschichten,
Dann fliegt vor Einem geheimen Wort
Das ganze verkehrte Wesen fort.

Das zentrale Werk von Novalis ist sein Roman „Heinrich von Ofterdingen", den man (noch) mit Kommentar und Erklärungen bei Suhrkamp findet, SBB 80. Der Roman ist vielschichtig und bietet eine Reihe von Impulsen zur Seele.

Das Märchen von Novalis im Ofterdingen, erzählt von Klingsohr, ist ein sehr komplexer Text, in dem es um die Rückgewinnung der Harmonie und das Zeitalters des Friedens geht. Wenn man so will, so könnte man das „Märchen" vielleicht eher als eine Art „visionären Text" bezeichnen, der eine friedliche, geistige Menschheit jenseits von allem Gegeneinander ausbreitet. Nicht mehr das Nützlichkeitsdenken (=egozentrisches Denken und Handeln) bestimmt alles, sondern der freie Geist (=Fabel=Phantasie) und die alles umfassende Weisheit (=Sophia). Sogar das oft böse Schicksal (=die heilige Drei=die drei Schicksalsgöttinnen) soll am Ende überwunden werden.

Erwacht in euren Zellen,
Ihr Kinder alter Zeit;
Laßt eure Ruhestellen,
Der Morgen ist nicht weit.

Ich spinne eure Fäden
In einen Faden ein;
Aus ist die Zeit der Fehden.
Ein Leben sollt' ihr sein.

Ein jeder lebt in Allen,
Und All' in jedem auch.
Ein Herz wird in euch wallen,
Von einem Lebenshauch.

Noch seid ihr nichts als Seele,
Nur Traum und Zauberei.
Geht furchtbar in die Höhle
Und neckt die heil'ge Drei.

Man kann sich natürlich fragen, ob diese universelle Welt-Erlösung eine typisch deutsche Idee ist oder nicht. Wie oben gesagt, Novalis war ein Visionär. Viele Realisten werden das als unrealistische Träumerei abtun. Vielleicht ist es ja typisch deutsch, diese ganz großen Träume zu haben. Diese absolute Universalerlösung, die sich natürlich leicht in irrealen Konzepten verlieren kann, aber das soll uns hier nicht interessieren, denn Novalis war ein sensibler und feinfühliger Mensch, der von einer wahrhaftig guten und edlen Welt geträumt hat.

Eine mitfühlende mütterliche Gottheit an die oberste Stelle zu setzen, bildet einen Kontrast zu all dem bisherigen Machtdenken, das uns definitiv keinen Frieden gebracht hat, sondern im Gegenteil, ein endloses Gegeneinander. Am Ende des „Märchens" steht das folgende Gedicht.

Gegründet ist das Reich der Ewigkeit,
In Lieb' und Frieden endigt sich der Streit,
Vorüber ging der lange Traum der Schmerzen,
***Sophie** ist ewig Priesterin der Herzen*

Das folgende Mariengedicht kann man als naiv abtun oder es in ein christliches Deutungs-Korsett zwängen, bei dem am Ende wieder nur das alte patriarchalische Gewohnheits-Modell herauskommt, und somit jegliche Weiterentwicklung sabotiert wird, um die es aber Novalis ging.

Aus der Perspektive von Novalis sollte etwas Neues kreiert werden! Seine Maria ist eine **neue Göttin** – und nicht die unterwürfige Gefolgsfrau des Herrn. Psychologen kommen gerne mit der Regression in frühere Kindheits-Zustände, Theologen mit ihrem bekannten Modell. Beide werden Novalis nicht gerecht, denn ihm ging es um eine **neue Vision** für die Menschheit. Der unterstrichene Teil ist nichts weniger als die Erleuchtung des Bewusstseins.

Ich sehe dich in tausend Bildern,
Maria, lieblich ausgedrückt,
Doch keins von allen kann dich schildern,
Wie meine Seele dich erblickt.

Ich weiß nur, daß der Welt Getümmel
Seitdem mir wie ein Traum verweht,
Und ein unnennbar süßer Himmel
Mir ewig im Gemüte steht.

6. Gebrüder Grimms Märchenwelt

Früher kannte jedes Kind die Märchen der Gebrüder Grimm. Rotkäppchen, Schneewittchen und die sieben Zwerge, Hänsel und Gretel etc. In den Märchen ist die Welt, trotz aller auftretenden Probleme und aller Gewalt, letztendlich gut und heil. Und wenn sie nicht gestorben sind, dann leben sie noch immer.

Die Guten werden am Ende belohnt, die Bösen bestraft. Auch wenn die Gebrüder Grimm die moralischen Aspekte betont haben und dies einigen rationalistischen Kritikern nicht gefallen hat oder immer noch nicht gefällt, so handelt es sich hier um eine natürliche Gerechtigkeit. Wer ein gesundes Empfinden hat, der weiß, dass das Böse bestraft und das Gute belohnt werden muss. Nur so ist die Welt in Ordnung. Alles andere wäre falsch, Lug und Trug und Betrug.

Schwierigkeiten und Hindernisse waren dazu da, um zeigen zu können, ob man ein guter Mensch mit einer reinen Seele war oder nicht. Achtete man die Naturwesen, teilte mit ihnen sein letztes Brot, half man den Tieren, dann war man ein guter Mensch. War man jedoch eigensüchtig und dachte nur an den eigenen Vorteil, dann war man ein böser Mensch.

So ist die Welt nicht, sie ist voller Tücken und hochkomplex, so mag ein Skeptiker einwenden. Er wird die Märchen als irreale Geschichten verwerfen. Was er damit jedoch verliert, das ist eine einfache, archetypische Orientierung am guten Verhalten, an der reinen Seele.

Das typisch Deutsche wird vielleicht besonders durch die Holzschnitte von Ludwig Richter deutlich. Der deutsche Wald, der geheimnisvolle Wald, in dem zwar Gefahren lauern, z.B. die böse Hexe, der am Ende aber doch ein guter Wald ist, wie auch die ganze Welt eine gute ist.

Der deutsche Eichenbaum, die Rehe, der fließende Bach, das Herren-kreuz, das man hier vielleicht nur als „Gottvertrauen" deuten sollte, der Blick ins Dunkle, in den Abgrund, aber im Kontrast dazu der Blick in die romantische Ferne, alles will Seelenfrieden ausdrücken. Und die Verbun-denheit mit der deutschen Landschaft und Heimat.

Der nächste Holzstich zeigt eine heile Dorfwelt. Das deutsche Fach-werkhaus, die verschiedenen Menschen, die Gemeinschaft, das harmoni-sche Miteinander, die Verbundenheit mit den Tieren und der ganzen Na-tur. Mancher mag das als Biedermeyer-Idylle abtun. Aber diese Welt war noch bescheiden und in die Landschaft integriert, was man von der heuti-gen Welt nicht mehr sagen kann. Die moderne Welt kann doch nichts vorweisen. Nichts ist nachhaltig, nichts ist harmonisch, nichts ist ausge-wogen, die Meere vergiftet, die Wälder verdursten oder verbrennen, die Städte sind zu groß, die Autobahnen zerschneiden die Landschaft etc. etc.

Was ist die Alternative? Kleine, überschaubare Gemeinschaften des Mitcinanders, der gegenseitigen Wertschätzung, Nachhaltigkeit und Inte-gration in den Kreislauf der Natur.

Märchen wollen heile Welten darstellen, trotz aller Widrigkeiten. Die Störungen der Welt und der Seele sollen geheilt werden. Das Ziel ist eine ewige Harmonie in der Welt. Wir mögen das heute als romantischen und unrealistischen Traum abtun. Aber ist es nicht eine Tatsache, dass wir uns viel zu sehr im Negativen, im Kaputten und Destruktiven verloren haben, uns teilweise sogar eingerichtet haben und HARMONIE und SCHÖN-HEIT gar nicht mehr anstreben?

Das folgende Märchen könnte man schamanisch deuten. Die wahren Schätze sind nicht in der normalen Welt zu finden, sondern in der unteren Welt. Die ach so intelligenten Söhne finden nicht den Zugang, hingegen derjenige, der scheinbar nur „dumm" ist, aber eine Beziehung und vermutlich ein Herz für die Anderswelt hat, der findet sie, und am Ende auch sein Lebensglück.

Die drei Federn

Es war einmal ein König, der hatte drei Söhne; davon waren zwei klug und gescheit, aber der dritte sprach nicht viel, war einfältig und hieß nur der Dummling. Als der König alt und schwach ward und an sein Ende dachte, wußte er nicht, welcher von seinen Söhnen nach ihm das Reich erben sollte. Da sprach er zu ihnen: »Ziehet aus, und wer mir den feinsten Teppich bringt, der soll nach meinem Tod König sein.« Und damit es keinen Streit unter ihnen gab, führte er sie vor sein Schloß, blies drei Federn in die Luft und sprach: »Wie die fliegen, so sollt ihr ziehen.« Die eine Feder flog nach Osten, die andere nach Westen, die dritte flog aber geradaus und flog nicht weit, sondern fiel bald zur Erde. Nun ging der eine Bruder rechts, der andere ging links, und sie lachten den Dummling aus, der bei der dritten Feder, da, wo sie niedergefallen war, bleiben mußte.

Der Dummling setzte sich nieder und war traurig. Da bemerkte er auf einmal, daß neben der Feder eine Falltüre lag. Er hob sie in die Höhe, fand eine Treppe und stieg hinab. Da kam er vor eine andere Türe, klopfte an und hörte, wie es inwendig rief:

> »Jungfer grün und klein,
> Hutzelbein,
> Hutzelbeins Hündchen,
> hutzel hin und her,
> laß geschwind sehen, wer draußen wär.«

Die Türe tat sich auf, und er sah eine große, dicke Itsche (Kröte) sitzen und rings um sie eine Menge kleiner Itschen. Die dicke Itsche fragte, was sein Begehren wäre. Er antwortete: »Ich hätte gerne den schönsten und feinsten Teppich.« Da rief sie eine junge und sprach:

> »Jungfer grün und klein,
> Hutzelbein,
> Hutzelbeins Hündchen,
> hutzel hin und her,
> bring mir die große Schachtel her.«

Die junge Itsche holte die Schachtel, und die dicke Itsche machte sie auf und gab dem Dummling einen Teppich daraus, so schön und so fein, wie oben auf der Erde keiner konnte gewebt werden. Da dankte er ihr und stieg wieder hinauf.

Die beiden andern hatten aber ihren jüngsten Bruder für so albern gehalten, daß sie glaubten, er würde gar nichts finden und aufbringen.

»Was sollen wir uns mit Suchen groß Mühe geben«, sprachen sie, nahmen dem ersten besten Schäfersweib, das ihnen begegnete, die groben Tücher vom Leib und trugen sie dem König heim. Zu derselben Zeit kam auch der Dummling zurück und brachte seinen schönen Teppich, und als der König den sah, erstaunte er und sprach: »Wenn es dem Recht nach gehen soll, so gehört dem jüngsten das Königreich.« Aber die zwei andern ließen dem Vater keine Ruhe und sprachen: unmöglich könnte der Dummling, dem es in allen Dingen an Verstand fehlte, König werden, und baten ihn, er möchte eine neue Bedingung machen.

Da sagte der Vater: »Der soll das Reich erben, der mir den schönsten Ring bringt«, führte die drei Brüder hinaus und blies drei Federn in die Luft, denen sie nachgehen sollten. Die zwei ältesten zogen wieder nach Osten und Westen, und für den Dummling flog die Feder geradeaus und fiel neben der Erdtüre nieder. Da stieg er wieder hinab zu der dicken Itsche und sagte ihr, daß er den schönsten Ring brauchte. Sie ließ sich gleich ihre große Schachtel holen und gab ihm daraus einen Ring, der glänzte von Edelsteinen und war so schön, daß ihn kein Goldschmied auf der Erde hätte machen können.

Die zwei ältesten lachten über den Dummling, der einen goldenen Ring suchen wollte, gaben sich gar keine Mühe, sondern schlugen einem alten

Wagenring die Nägel aus und brachten ihn dem König. Als aber der Dummling seinen goldenen Ring vorzeigte, so sprach der Vater abermals: »Ihm gehört das Reich.« Die zwei ältesten ließen nicht ab, den König zu quälen, bis er noch eine dritte Bedingung machte und den Ausspruch tat: der sollte das Reich haben, der die schönste Frau heimbrächte. Die drei Federn blies er nochmals in die Luft, und sie flogen wie die vorige Male.

Da ging der Dummling ohne weiteres hinab zu der dicken Itsche und sprach: »Ich soll die schönste Frau heimbringen.

»Ei«, antwortete die Itsche, »die schönste Frau! Die ist nicht gleich zur Hand, aber du sollst sie doch haben.« Sie gab ihm eine ausgehöhlte gelbe Rübe, mit sechs Mäuschen bespannt. Da sprach der Dummling ganz traurig: »Was soll ich damit anfangen?« Die Itsche antwortete: »Setze nur eine von meinen kleinen Itschen hinein.«

Da griff er auf Geratewohl eine aus dem Kreis und setzte sie in die gelbe Kutsche, aber kaum saß sie darin, so ward sie zu einem wunderschönen Fräulein, die Rübe zur Kutsche und die sechs Mäuschen zu Pferden. Da küßte er sie, jagte mit den Pferden davon und brachte sie zu dem König. Seine Brüder kamen nach, die hatten sich gar keine Mühe gegeben, eine schöne Frau zu suchen, sondern die ersten besten Bauernweiber mitgenommen. Als der König sie erblickte, sprach er: »Dem jüngsten gehört das Reich nach meinem Tod.« Aber die zwei ältesten betäubten die Ohren des Königs aufs neue mit ihrem Geschrei: »Wir können's nicht zugeben, daß der Dummling König wird«, und verlangten, der sollte den Vorzug haben, dessen Frau durch einen Ring springen könnte, der da mitten in dem Saal hing.

Sie dachten: Die Bauernweiber können das wohl, die sind stark genug, aber das zarte Fräulein springt sich tot. Der alte König gab das auch noch zu. Da sprangen die zwei Bauernweiber, sprangen auch durch den Ring, waren aber so plump, daß sie fielen und ihre groben Arme und Beine entzweibrachen. Darauf sprang das schöne Fräulein, das der Dummling mitgebracht hatte, und sprang so leicht hindurch wie ein Reh, und aller Widerspruch mußte aufhören. Also erhielt er die Krone und hat lange in Weisheit geherrscht.

Verzauberungen, Verwünschungen und Erlösungen

Es gibt mehrere Märchen, in denen es um das Thema der Verzauberung und einer späteren Erlösung geht. „Die sechs Schwäne" und „Die sieben Raben" könnte man nennen.

Weiter gibt es Märchen, in denen jemand in einer falschen, hässlichen Haut steckt, diese aber eines Tages überwinden kann und sein wahres, sein edles Sein zum Vorschein kommt. „Das Eselein" oder „Hans mein Igel" könnte man hier nennen.

Ist das nun typisch deutsch? Kommt das nur in Deutschland vor, oder handelt es sich um eine archetypische, seelische Situation? Ich weiß nicht, ob es wichtig ist, diese Frage zu beantworten. Vielleicht reicht es aus, wenn man es als das Eigene empfindet, auch wenn ein anderer einem beweisen kann, dass es objektiv nicht das Eigene ist. Wenn man die genannten Märchen sehr schön findet, wenn sie einem etwas bedeuten, dann kann man sie als ureigenen Schatz ansehen.

Verzaubert zu sein ist deshalb kein guter Zustand, weil man sein wahres Sein nicht lebt, nicht leben kann. Somit wartet man auf die Erlösung, die dann die Befreiung zum Eigentlichen, zum Wahren wird. Neben den Holzschnitten von Ludwig Richter halte ich die Illustrationen von Otto Ubbelohde für sehr gut, und eigentlich auch für recht *deutsch*.

Otto Ubbelohde, Illustration zu den sechs Schwänen

Otto Ubbelohde, Illustration zu den sieben Raben

Joseph von Eichendorff, 1788 – 1857

7. Eichendorff und das Zauberland

Schläft ein Lied in allen Dingen,
die da träumen fort und fort,
und die Welt hebt an zu singen,
triffst du nur das Zauberwort.

Ein einfaches Lied, ein einfacher Vierzeiler, aber irgendwie enthält er den ganzen Eichendorff, nämlich seinen Traum einer Welt der klingenden Poesie. Man muss so kleine Gedichte mehrmals lesen, oder leise vor sich hinsprechen, wie ein Mantra, um in seine tiefe Bedeutung zu gelangen. Man kann es auch auswendig lernen, und dann vor sich hinsprechen.

Die Novelle „Aus dem Leben eines Taugenichts" dürfte den meisten bekannt sein. Ein junger Mann, der von seinem Vater als Taugenichts beschimpft wird, weil er sich an der Natur erfreut, weil er also ein musischer, verträumter Menschentypus ist, und kein Arbeitsmensch, der reibungslos im Getriebe funktioniert, macht sich auf den Weg nach Süden, nach Wien, nach Italien. Er macht lauter merkwürdige Erfahrungen, fühlt sich am Ende in Italien unwohl und möchte nur zurück in die deutschen Lande.

Die Fremde hat ihn nicht inspiriert, sondern nur verwirrt. Im MARMORBILD taucht das Motiv der Verwirrung ebenfalls auf. Beide Helden sehnen sich nach Klarheit, Übersicht und Ordnung. Typisch deutsch, möchte man meinen. Am Ende der Geschichte gibt es zwar auch noch einige Verwirrung, aber schlussendlich endet die märchenhafte Erzählung in Frieden und Harmonie.

Das Rad an meines Vaters Mühle brauste und rauschte schon wieder recht lustig, der Schnee tröpfelte emsig vom Dache, die Sperlinge zwitscherten und tummelten sich dazwischen; ich saß auf der Türschwelle und wischte mir den Schlaf aus den Augen; mir war so recht wohl in dem warmen Sonnenscheine. Da trat der Vater aus dem Hause; er hatte schon seit Tagesanbruch in der Mühle rumort und die Schlafmütze schief auf dem Kopfe, der sagte zu mir: «Du Taugenichts! da sonnst du dich schon wieder und dehnst und reckst dir die Knochen müde und läßt mich alle Arbeit allein tun. Ich kann dich hier nicht länger füttern. Der Frühling ist vor der Tür, geh auch einmal hinaus in die Welt und erwirb dir selber dein Brot.» – «Nun», sagte ich, «wenn ich ein Taugenichts bin, so ists gut, so will ich in die Welt gehen und mein Glück machen.» Und eigentlich war mir das recht lieb, denn es war mir kurz vorher selber eingefallen, auf Reisen zu gehen, da ich die Goldammer, welche im Herbst und Winter immer betrübt an unserm Fenster sang: «Bauer, miet mich, Bauer, miet mich!» nun in der schönen Frühlingszeit wieder ganz stolz und lustig vom Baume rufen hörte: «Bauer, behalt deinen Dienst!»

Ich ging also in das Haus hinein und holte meine Geige, die ich recht artig spielte, von der Wand, mein Vater gab mir noch einige Groschen Geld mit auf den Weg, und so schlenderte ich durch das lange Dorf hinaus. Ich hatte recht meine heimliche Freude, als ich da alle meine alten Bekannten und Kameraden rechts und links, wie gestern und vorgestern und immerdar, zur Arbeit hinausziehen, graben und pflügen sah, während ich so in die freie Welt hinausstrich. Ich rief den armen Leuten nach allen Seiten stolz und zufrieden Adjes zu, aber es kümmerte sich eben keiner sehr darum. Mir war es wie ein ewiger Sonntag im Gemüte. Und als ich endlich ins freie Feld hinauskam, da nahm ich meine liebe Geige vor und spielte und sang, auf der Landstraße fortgehend:

Wem Gott will rechte Gunst erweisen,

den schickt er in die weite Welt,

dem will er seine Wunder weisen

in Berg und Wald und Strom und Feld.

Die Trägen, die zu Hause liegen,

erquicket nicht das Morgenrot;

sie wissen nur von Kinderwiegen,

von Sorgen, Last und Not um Brot.

Die Bächlein von den Bergen springen,

die Lerchen schwirren hoch vor Lust,

was sollt ich nicht mit ihnen singen

aus voller Kehl und frischer Brust?

Den lieben Gott lass ich nur walten;

Der Bächlein, Lerchen, Wald und Feld

Und Erd und Himmel will erhalten,

hat auch mein Sach aufs best bestellt!

Das Gedicht „Das zerbrochene Ringlein" ist ein typisches Seelenge-
dicht, das von vielen gesungen wurde. Besonders gefällt mir die Version
von Hilde Brun, die man auf youtube finden kann. Ihr schöner Gesang
bringt die deutsche Seele wunderbar zum Ausdruck.

In einem kühlen Grunde,
da geht ein Mühlenrad,
mein Liebste ist verschwunden,
die dort gewohnet hat.

Sie hat die Treu versprochen,
gab mir ein'n Ring dabei,

sie hat die Treu gebrochen,
mein Ringlein sprang entzwei.

Ich möcht' als Spielmann reisen
weit in die Welt hinaus,
und singen meine Weisen
und gehen von Haus zu Haus.

Ich möcht' als Reiter fliegen
wohl in die blutge Schlacht,
um stille Feuer liegen
im Feld bei dunkler Nacht.

Hör ich das Mühlrad gehen,
ich weiß nicht, was ich will -
ich möcht' am liebsten sterben,
da wär's auf einmal still.

Die TREUE ist vielleicht ein wichtiger, ur-deutscher Wert. Die unbedingte Treue, die man niemals bricht. Bekannt ist das Wort „Nibelungentreue", also eine Treue bis zum Äußersten.

Die in dem Gedicht leidende und sich äußernde Seele ist traumatisiert. Sie möchte einfach in die ferne und fremde Welt oder in einen Krieg ziehen. Am Ende erscheint sogar die Sehnsucht nach dem Tode, um das unerträgliche Leiden wegen der gebrochenen Treue endlich los zu werden.

Modernen Menschen mag das befremdlich oder sogar lächerlich vorkommen. Man muss wohl die ur-deutsche Treue verstehen und wertschätzen, um dieses Gedicht bzw. Lied gut zu finden.

Der Text des folgenden Liedes ist nicht von Eichendorff, auch wenn er von ihm hätte sein können. Die Thematik der Treue passt zu dem folgenden Gedicht. Auch von diesem Lied findet sich eine schöne Version von Hilde Brun auf youtube.

Kein Feuer, keine Kohle
kann brennen so heiß,
als heimliche Liebe
von der niemand nichts weiß.

Keine Rose, keine Nelke
tut blühen so schön,
als wenn zwei verliebte Seelen
beieinander tun stehn.

Wie's Waldvöglein singt
wenn's der Frühling anweht,
so dringt mir ins Herz
deine liebliche Red'.

Zwei Sternlein am Himmel,
zwei Röslein im Hag,
mein Herz und das deine
sind vom selbigen Schlag.

Setz du mir einen Spiegel
ins Herze hinein,
damit du kannst sehen,
wie so treu ich es mein.

Und der Spiegel wird's weisen,
es ist nichts drin,
als Liebe und Treue
und ehrlicher Sinn.

Träumerseele

Vielleicht kann man sagen, dass die Romantiker alle eine Art Träumerseele hatten. Sie lebten, mehr oder weniger, in eingeengten Verhältnissen und träumten von einer anderen Welt.

Sie sehnten sich nach Italien oder nach Griechenland.

Richtig reisen konnten sie meist nicht. Real war ihr Horizont begrenzt gewesen. Hölderlin war nie in Griechenland gewesen. Eichendorff nie in Italien. Sie hätten vielleicht Reiseberichte verfassen können, aber da sie nicht unterwegs in fernen Ländern gewesen waren, konnten sie das logischerweise nicht. So blieben die Träume. Sehnsuchtsvoll träumten sie sich fort.

Vielleicht hätte sich Hölderlin „erden" können, wenn er eine Reise nach Griechenland unternommen hätte. Vielleicht hätte Eichendorff einen richtig guten Roman schreiben können, wenn er in Italien gewesen wäre. So sind ihre Werke schöne Träumereien geblieben, womit ich nichts über den Wert aussagen möchte. Wir sollten es uns nur einmal bewusst machen, mehr nicht.

Bei Schriftstellern aus England oder Amerika sah es anders aus. Die reale Dimension spielte eine größere Rolle, die realen Erfahrungen in der weiten Welt. Die Schreib- oder Malstube des Deutschen war da doch eher begrenzt. (Vergleiche das Gemälde von Carl Spitzweg: Der arme Poet.) Ob Caspar David Friedrichs Gemälde vom Watzmann besser geworden wäre, wenn er real dort hätte sein können, bleibt natürlich Spekulation. Sicher hätte er nicht den „Trudenstein" aus dem Harz in den Vordergrund gemalt, denke ich.

Eine Träumerseele ist nicht zu verurteilen. Eher ist es bedauerlich, wenn man in kleinen Verhältnissen leben muss. So hat Schiller nie das Meer gesehen, und nie die Schweizer Berge. Ob sein Wilhelm Tell anders oder besser geworden wäre? Vielleicht, vielleicht auch nicht.

8. Heinrich Heine – und das gespaltete Verhältnis zu Deutschland

Heinrich Heine, 1797 – 1856

Heinrich Heine hat ein gespaltenes Verhältnis zu Deutschland, das allein in dem folgenden Gedicht deutlich wird. Die Mutter ist nicht nur die leibliche Mutter, sondern eben auch das Heimatland als Mutter, als Herkunft.

Da man nie alles gut in seinem Land findet oder finden kann, hat vielleicht jeder ein ambivalentes Verhältnis, eine Art Hass-Liebe für sein Herkunftsland.

Nachtgedanken

Denk' ich an Deutschland in der Nacht,
Dann bin ich um den Schlaf gebracht,
Ich kann nicht mehr die Augen schließen.
Und meine heißen Tränen fließen.

Die Jahre kommen und vergehn!
Seit ich die Mutter nicht gesehn,
Zwölf Jahre sind schon hingegangen;
Es wächst mein Sehnen und Verlangen.

Mein Sehnen und Verlangen wächst.
Die alte Frau hat mich behext,
Ich denke immer an die alte,
Die alte Frau, die Gott erhalte!

Die alte Frau hat mich so lieb,
Und in den Briefen, die sie schrieb,
Seh ich, wie ihre Hand gezittert,
Wie tief das Mutterherz erschüttert.

Die Mutter liegt mir stets im Sinn.
Zwölf lange Jahre flossen hin,
Zwölf lange Jahre sind verflossen,
Seit ich sie nicht ans Herz geschlossen.

Deutschland hat ewigen Bestand,
Es ist ein kerngesundes Land;
Mit seinen Eichen, seinen Linden,
Werd ich es immer wiederfinden.

Nach Deutschland lechzt ich nicht so sehr,
Wenn nicht die Mutter dorten wär;
Das Vaterland wird nie verderben,
Jedoch die alte Frau kann sterben.

Seit ich das Land verlassen hab,
So viele sanken dort ins Grab,
Die ich geliebt - wenn ich sie zähle,
So will verbluten meine Seele.

Und zählen muß ich - Mit der Zahl
Schwillt immer höher meine Qual,
Mir ist, als wälzten sich die Leichen
Auf meine Brust - Gottlob! sie weichen!

Gottlob! durch meine Fenster bricht
Französisch heitres Tageslicht;
Es kommt mein Weib, schön wie der Morgen,
Und lächelt fort die deutschen Sorgen.

„Indessen, die Elsasser und Lothringer werden sich wieder an Deutschland anschließen, wenn wir das vollenden, was die Franzosen begonnen haben, wenn wir diese überflügeln in der Tat, wie wir es schon getan im Gedanken, wenn wir uns bis zu den letzten Folgerungen desselben emporschwingen, wenn wir die Dienstbarkeit bis in ihrem letzten Schlupfwinkel, dem Himmel, zerstören, <u>wenn wir den Gott, der auf Erden im Menschen wohnt, aus seiner Erniedrigung retten, wenn wir die Erlöser Gottes werden</u>, wenn wir das arme, glückenterbte Volk und den verhöhnten Genius und die geschändete Schönheit wieder in ihre Würde einsetzen, wie unsere großen Meister gesagt und gesungen und wie wir es wollen, wir, die Jünger – ja, nicht bloß Elsaß und Lothringen, sondern ganz Frankreich wird uns alsdann zufallen, ganz Europa, die ganze Welt – die ganze Welt wird deutsch werden! Von dieser Sendung und Universalherrschaft Deutschlands träume ich oft, wenn ich unter Eichen wandle. Das ist mein Patriotismus." (aus dem Vorwort zu „Deutschland, ein Wintermärchen")

Heines Patriotismus ist nicht eine simple Fixierung auf das ach so großartige Nationale, die eigene Nation und nur auf die, die man völlig von allen anderen abgrenzt, sondern sein Patriotismus bezieht sich auf eine geistige Haltung, nennen wir sie freien, universellen Humanismus. Das wünscht er „seinem" Land, und nicht nur dem, sondern der ganzen Welt. Das ist das Gegenteil von primitivem Besitzdenken und Territorialbewusstsein.

Caput I.

Im traurigen Monat November war's,
Die Tage wurden trüber,
Der Wind riß von den Bäumen das Laub,
Da reist ich nach Deutschland hinüber.

Und als ich an die Grenze kam,
Da fühlt ich ein stärkeres Klopfen

In meiner Brust, ich glaube sogar
Die Augen begunnen zu tropfen.

Und als ich die deutsche Sprache vernahm,
Da ward mir seltsam zumute;
Ich meinte nicht anders, als ob das Herz
Recht angenehm verblute

Ein kleines Harfenmädchen sang.
Sie sang mit wahrem Gefühle
Und falscher Stimme, doch ward ich sehr
Gerühret von ihrem Spiele.

Sie sang von Liebe und Liebesgram,
Aufopferung und Wiederfinden
Dort oben, in jener besseren Welt,
Wo alle Leiden schwinden.

Sie sang vom irdischen Jammertal,
Von Freuden, die bald zerronnen,
Vom Jenseits, wo die Seele schwelgt
Verklärt in ew'gen Wonnen.

Sie sang das alte Entsagungslied,
Das Eiapopeia vom Himmel,
Womit man einlullt, wenn es greint,
Das Volk, den großen Lümmel.

Ich kenne die Weise, ich kenne den Text,
Ich kenn auch die Herren Verfasser;
Ich weiß, sie tranken heimlich Wein
Und predigten öffentlich Wasser.

Ein neues Lied, ein besseres Lied,
O Freunde, will ich euch dichten!

Wir wollen hier auf Erden schon
Das Himmelreich errichten.

Wir wollen auf Erden glücklich sein,
Und wollen nicht mehr darben;
Verschlemmen soll nicht der faule Bauch,
Was fleißige Hände erwarben.

Es wächst hienieden Brot genug
Für alle Menschenkinder,
Auch Rosen und Myrten, Schönheit und Lust,
Und Zuckererbsen nicht minder.

Ja, Zuckererbsen für jedermann,
Sobald die Schoten platzen!
Den Himmel überlassen wir
Den Engeln und den Spatzen.

Und wachsen uns Flügel nach dem Tod,
So wollen wir euch besuchen
Dort oben, und wir, wir essen mit euch
Die seligsten Torten und Kuchen.

Ein neues Lied, ein besseres Lied!
Es klingt wie Flöten und Geigen!
Das Miserere ist vorbei,
Die Sterbeglocken schweigen.

Die Jungfer Europa ist verlobt
Mit dem schönen Geniusse
Der Freiheit, sie liegen einander im Arm,
Sie schwelgen im ersten Kusse.

Und fehlt der Pfaffensegen dabei,
Die Ehe wird gültig nicht minder –

Es lebe Bräutigam und Braut,
Und ihre zukünftigen Kinder!

Ein Hochzeitkarmen ist mein Lied,
Das bessere, das neue!
In meiner Seele gehen auf
Die Sterne der höchsten Weihe –

Begeisterte Sterne, sie lodern wild,
Zerfließen in Flammenbächen –
Ich fühle mich wunderbar erstarkt,
Ich könnte Eichen zerbrechen!

Seit ich auf deutsche Erde trat,
Durchströmen mich Zaubersäfte –
Der Riese hat wieder die Mutter berührt,
Und es wuchsen ihm neu die Kräfte.

Heine kritisiert in seinem Versepos „Deutschland – ein Wintermärchen" eine Reihe von Aspekten des Deutschen. Im folgenden Teil geht es
um den Untertanengeist, über den Heinrich Mann später einen ganzen
Roman verfasst hat. Man ist korrekt, ordentlich, hält sich an die Gesetze,
besitzt einen autoritären Charakter, auf den man auch noch stolz ist. Man
hält sich an den Mainstream, so würde man heute sagen. Man wagt keine
wirklich individuellen Gedanken, schon gar nicht, wenn sie dem, was einem die Medien so sagen, nicht entsprechen.

Noch immer das hölzern pedantische Volk,
Noch immer ein rechter Winkel
In jeder Bewegung, und im Gesicht
Der eingefrorene Dünkel.

Sie stelzen noch immer so steif herum,
So kerzengerade geschniegelt,

Als hätten sie verschluckt den Stock,
Womit man sie einst geprügelt.

Ja, ganz verschwand die Fuchtel nie,
Sie tragen sie jetzt im Innern;
Das trauliche Du wird immer noch
An das alte Er erinnern.

Der lange Schnurrbart ist eigentlich nur
Des Zopftums neuere Phase:
Der Zopf, der ehmals hinten hing,
Der hängt jetzt unter der Nase.

(aus Caput III.)

Im Äußeren hatte und hat Deutschland keine Macht besessen. Kein riesiges Land wie Russland, keine gigantischen Rohstoffmengen. Auch keinen unersättlichen Expansionsdrang (the frontier) wie die Amerikaner, die bis heute die Macht auf der ganzen Erde für sich beanspruchen. Deutschland, ein Land der Schlafmützen und der Träumer. Es gab und gibt viele, viele Träumer. Man kann sich wie Karl May eine ganze Welt erträumen. Gut geträumt, Old Shatterhand.

Man schläft sehr gut und träumt auch gut
In unseren Federbetten.
Hier fühlt die deutsche Seele sich frei
Von allen Erdenketten.

Sie fühlt sich frei und schwingt sich empor
Zu den höchsten Himmelsräumen.
O deutsche Seele, wie stolz ist dein Flug
In deinen nächtlichen Träumen!

Die Götter erbleichen, wenn du nahst!
Du hast auf deinen Wegen
Gar manches Sternlein ausgeputzt
Mit deinen Flügelschlägen!

Franzosen und Russen gehört das Land,
Das Meer gehört den Briten,
Wir aber besitzen im Luftreich des Traums
Die Herrschaft unbestritten.

Hier üben wir die Hegemonie,
Hier sind wir unzerstückelt;
Die andern Völker haben sich
Auf platter Erde entwickelt.

(aus Caput VII.; m.U.)

Eine wirkliche Freiheit der Seele, sei es eine politische oder eine spirituelle, würde anders aussehen. Weil ihr die konkreten, realen Möglichkeiten versagt bleiben, bleiben ihr nur die nächtlichen Träume, also nur der Ersatz für das Echte und Wahre.

Emanzipation ist ein modernes Wort. Die Menschen müssten sich von vielem emanzipieren, vor allem auch die Deutschen. Vom Einfluss der Amerikaner. Von einer viel zu einseitigen, rigiden Religion. Von stereotypen Erklärungen. Von der Rechthaberei. Von der Besserwisserei. Vom Helfersyndrom. Vom blauäugigen Multikulturismus. Etc.

9. Theodor Storm, die norddeutsche Schwermut

Ein typisch norddeutscher Dichter ist Theodor Storm. Ein schwermütiger Dichter. Schwer und nicht so heiter und leicht ist die Landschaft meistens an der Nordsee. Die Landschaft prägt den Charakter, die Seele. Der Sommer ist eher kurz, oder wird als eher kurz empfunden. Das Schöne und Heitere fliegt und flieht in den Süden. Wie in dem folgenden Herbstgedicht. Der Mensch am Meer bleibt traurig und sehnsüchtig zurück, eine elementare und typische Situation, nicht nur bei Theodor Storm.

Herbst

Schon ins Land der Pyramiden
Flohn die Störche übers Meer;
Schwalbenflug ist längst geschieden,
Auch die Lerche singt nicht mehr.

Seufzend in geheimer Klage
Streift der Wind das letzte Grün;
Und die süßen Sommertage,
Ach, sie sind dahin, dahin!

Nebel hat den Wald verschlungen,
Der dein stillstes Glück gesehn;
Ganz in Duft und Dämmerungen
Will die schöne Welt vergehn.

Nur noch einmal bricht die Sonne
Unaufhaltsam durch den Duft,
Und ein Strahl der alten Wonne
Rieselt über Tal und Kluft.

Und es leuchten Wald und Heide,
Daß man sicher glauben mag,
Hinter allem Winterleide
Lieg' ein ferner Frühlingstag.

10. Nietzsche und der Übermensch

Nietzsche, 1844 – 1900

Nietzsches Buch Zarathustra ist ein sprachgewaltiges und eruptives Buch. Ein Buch wie der Ausbruch eines Vulkans, der lange dahin gedämmert hatte. Ein philosophischer Hammerschlag. Thors Hammer?

„Ich lehre euch den Übermenschen. Der Mensch ist etwas, das überwunden werden soll. Was habt ihr getan, ihn zu überwinden?"

Wohl eher nichts. Man hat sich schon lange eingerichtet und arrangiert mit dem Allzumenschlichen. Mit den vielen Süchten. Mit den Genüssen und der unersättlichen Gier nach irdischen Reichtümern.

„Der Übermensch ist der Sinn der Erde. .... An der Erde zu freveln, ist jetzt das Furchtbarste...."

Letzteres praktiziert die gegenwärtige Menschheit bis zum Exzess. Nietzsche träumte von einer totalen Wende der Kultur und Zivilisation. Damals hatte er viele mit seinem radikalen Denken beeinflusst. Seine neue Art von Religion haben sicher manche missverstanden, als Legitimation von Brutalität.

Nietzsche selbst, der Adler der Philosophie, zerbrach an der Welt und wurde vom Wahnsinn gekreuzigt.

Können wir heute noch etwas von seinen deutsch-philosophischen Wahrheitssätzen lernen? Oder bleibt Nietzsche nur ein singuläres Ereignis der Geschichte?

Edvard Munch, Nietzsche

Nietzsche kommt mir nach der Lektüre von Safranskis Biographie seines Denkens doch eher als *kranker Philosoph* vor.

Ist das eine deutsche Krankheit? Das ganz, ganz Große zu wollen – am Ende aber jämmerlich zu scheitern?

Alles entlarven zu wollen, bei allem die tieferen Gründe, Abgründe, Falschheiten etc. herausfinden zu wollen, alles ganz anders, völlig anders, viel besser, viel größer, ganz neu, total neu machen zu wollen, schlussendlich aber doch nichts wirklich Tragfähiges und Lebbares anbieten zu können?

Weder das Konzept des „Übermenschen" noch das der „Ewigen Wiederkehr" scheint mir überzeugend zu sein.

Zum Thema der Bewusstseinsentwicklung des Menschen gibt es einfach bessere Konzepte aus anderen Kulturen. Und wenn man die Entwicklung des Bewusstseins für möglich und realisierbar hält, dann sollte man auch selbst entsprechend leben. Der deutsche Buddhist Lama Anagarika Govinda, der aus Sachsen stammte, ist da ein weitaus besseres Beispiel als Nietzsche.

Die Idee der ewigen Wiederkehr scheint mir leider etwas unausgegoren, also nicht überzeugend entwickelt zu sein. Sein Erleuchtungserlebnis bei Surley im Oberengadin wird er vermutlich gehabt haben, aber er hat daraus nichts Positives machen können. Es gibt schöne und heilsame Kreismodelle des Lebens, die auch lebbar sind. Nietzsches Idee bleibt nur eine unklare, diffuse Idee.

Seine Philosophie scheint mir viel zu sehr geprägt vom *Anti*-Aspekt zu sein. Seine Kritik am Christentum ist scharf und deutlich. Sie ist auch durchaus zutreffend, denn es gibt leider sehr viel Falsches, Unterdrückendes, Heuchlerisches in dieser Religion, und das bis heute, aber es gibt auch die andere, echte, ehrliche Seite.

Entlarvung und Enttarnung des Falschen ist ein richtiges Anliegen. Das Unmoralische in der Moral herausfinden. In jedem Bereich der Kultur die faulen Stellen entdecken. Wenn man sich jedoch in sein Anliegen hineinsteigert und keinen positiven Ausweg finden kann, dann zerbricht man schließlich daran. Nietzsches Zusammenbruch halte ich von daher für die logische Folge.

„Und wißt ihr auch, was mir »die Welt« ist? Soll ich sie euch in meinem Spiegel zeigen? Diese Welt: ein Ungeheuer von Kraft, ohne Anfang, ohne Ende, eine feste, eherne Größe von Kraft, welche nicht größer, nicht kleiner wird, die sich nicht verbraucht, sondern nur verwandelt, als Ganzes unveränderlich groß, ein Haushalt ohne Ausgaben und Einbußen, aber ebenso ohne Zuwachs, ohne Einnahmen, vom »Nichts« umschlossen als von seiner Grenze, nichts Verschwimmendes. Verschwendetes, nichts Unendlich-Ausgedehntes, sondern als bestimmte Kraft einem bestimmten Raum eingelegt, und nicht einem Raume, der irgendwo »leer« wäre, <u>vielmehr als Kraft überall, als Spiel von Kräften und Kraftwellen zugleich Eins und Vieles, hier sich häufend und zugleich dort sich mindernd, ein Meer in sich selber stürmender und flutender Kräfte, ewig sich wandelnd, ewig zurücklaufend, mit ungeheuren Jahren der Wiederkehr, mit einer Ebbe und Flut seiner Gestaltungen</u>, aus den einfachsten in die vielfältigsten hinaustreibend, aus dem Stillsten, Starrsten, Kältesten hinaus in das Glühendste, Wildeste, Sich-selber-Widersprechendste, und dann wieder aus der Fülle heimkehrend zum Einfachen, aus dem Spiel der Widersprüche zurück bis zur Lust des Einklangs, sich selber bejahend noch in dieser Gleichheit seiner Bahnen und Jahre, sich selber segnend als das, was ewig wiederkommen muß, als ein Werden, das kein Sattwerden, keinen Überdruß, keine Müdigkeit kennt –: diese meine *dionysische* Welt des Ewig-sich-selber-Schaffens, des Ewig-sich-selber-Zerstörens, diese Geheimnis-Welt der doppelten Wollüste, dies mein »Jenseits von Gut und Böse«, ohne Ziel, wenn nicht im Glück des Kreises ein Ziel liegt, ohne Willen, wenn nicht ein Ring zu sich selber guten Willen hat – wollt ihr einen *Namen* für diese Welt? Eine *Lösung* für alle ihre Rätsel? Ein *Licht* auch für euch, ihr Verborgensten, Stärksten, Unerschrockensten, Mitternächtlichsten? – *Diese Welt ist der Wille zur Macht – und nichts außerdem!* Und auch ihr selber seid dieser Wille zur Macht – und nichts außerdem!" (Nietzsche, bei Safranski S.305; m.U.)

Nietzsche will nichts weniger als den ganzen kosmischen Prozess beschreiben. Das Spiel des ganzen Kosmos, das unendliche Werden und Vergehen in allen Dimensionen.

Der Ausdruck „Wille zur Macht" war, aus meiner Sicht, nicht gut gewählt. Er hat ja auch zu fatalen politischen Deutungen geführt. Vielleicht ist das Fatale bei Nietzsche, dass er einerseits wissenschaftlich genau sein will, sich andererseits aber von seinen Erkenntnissen hinreißen lässt, so dass sie verzerrt oder auch falsch werden. Er hätte bei der rein sachlichen, physikalischen Erklärung der Welt bleiben sollen.

Das Spiel des Kosmos oder das Gestaltungs-System des Kosmos ist eine Sache. Politische Machtansprüche oder die persönlichen Machtansprüche sind eine andere Sache.

Sind solche überzogenen Weltdeutungen typisch deutsch? Darüber kann jeder selbst nachdenken.

In Safranskis Buch über Nietzsche finde ich folgenden Abschnitt:

„Bertram setzt fort, womit die Frühromantik begonnen und was der junge Richard Wagner und der junge Nietzsche fortgeführt hatten: die Schaffung eines Mythos, der geeignet ist, ein Volk, nach dem Verblassen der Religion, in einer gemeinsamen Anschauung zu vereinigen. Nun soll also Nietzsche selbst, sein Leben und Werk, in die 'Legende eines Menschen' umgedichtet werden. Objektivität bei der Schilderung und Analyse eines Menschenlebens und Menschenwerks gibt es nicht, es gibt nur Interpretationen, erklärt Bertram, durchaus im Sinne Nietzsches. Und er will nun eine Interpretation vorlegen, die aus Nietzsche einen Spiegel der deutschen Seele werden lässt, ihrer Leiden, Aufschwünge, ihrer schöpferischen Kraft, ihres Verhängnisses. Nietzsche *wollte ein Dichter seines Lebens* sein, und Bertram setzt nun dieses Vorhaben fort, indem er selbst zum Dichter von Nietzsches Leben und Werk wird. Von dem 'Bild', das dabei entsteht, sagte Bertram: „Es steigt langsam am Sternenhimmel der menschlichen Erinnerung hinan“. Nietzsche – kein Vorbild im pädagogischen Sinne, aber ein Vor-Bild, in welchem die Spannungen, Antriebe und Widersprüche der deutschen Kultur, ihr Beitrag zur großen Geschichte des Geistes, anschaulich und bedenkenswert erscheinen können. Ein Bild mithin, das einer ganzen Kultur, die, so Bertram, in die Krise geraten ist, zur Selbsterkenntnis ihrer Möglichkeiten und Gefahren anleiten kann. Bertram zitiert Hölderlins Frage: „Wann erscheinst du ganz, Seele des Vaterlands?“, und gibt die Antwort: in Nietzsches ist sie erschienen, in ihrer ganzen Zerrissenheit.“ (Safranski, S.345; m.U.)

Wenn das die deutsche Seele sein soll, dann ist sie krank. Krankhaft besessen von eigenen Universaldeutungen, mit der man die Welt zwanghaft beglücken oder sogar vernichten will, je nachdem.

Also sprach Zarathustra.

Nietzsche selbst nennt den Stil, in dem *Also sprach Zarathustra* geschrieben ist, halkyonisch (seelisch vollkommen) und wünscht sich Leser, die eines „gleichen Pathos fähig und würdig sind": „Man muss vor Allem den Ton, der aus diesem Munde kommt, diesen halkyonischen Ton richtig *hören*, um dem Sinn seiner Weisheit nicht erbarmungswürdig Unrecht zu tun". Dass Nietzsche diese Leserschaft in seiner Gegenwart nicht gesehen hat, legt der Untertitel des Werkes nahe: „Ein Buch für Alle und Keinen". (Wikipedia)

Soweit ein Zitat aus dem Artikel über das Werk bei Wikipedia. Ich halte die Frage nach dem Stil, dem Duktus, dem Impetus des Werkes fast für wichtiger als die einzelnen Gedanken und Ideen. Das Buch ist kein intellektuelles, sondern eher ein emotionales, das aus einem tiefgreifenden Erlebnis, einer fundamentalen Erfahrung heraus geschrieben worden ist. Auch wenn nach Nietzsche Gott tot ist, so könnte man von einer neuen Gotteserfahrung sprechen, die das Buch hat Wirklichkeit werden lassen. Der alte Gott war ein Gott der Unterdrückung, der Versklavung des Menschen, die den Menschen klein, niedrig, schwach, dumm etc. halten will. Der neue, innere Gott ist hingegen einer der spirituellen Kraft und Selbstständigkeit.

Lassen wir Gott einmal fort, dann können wir von einer Erleuchtung sprechen, von einer intensiven Inspiration, die sich in diesem Buch ausdrückt, und zwar dichterisch, metaphorisch und musikalisch. Man sollte somit das Buch nicht so sehr mit dem Verstand lesen, sondern die Musik der Befreiung des Menschen hören.

Greifen wir den Aspekt mit der deutschen Seele auf, dann könnten wir sagen, dass sich die deutsche Seele in diesem und durch dieses Werk aus den bisherigen Gefängnissen des Denkens und Fühlens befreit oder zumindest das Gefühl hat, dass sie sich befreit.

Vielleicht macht dieser Punkt die Wirkung des Buches aus. Damals, vor über hundert Jahren. Ob das heute noch geschehen kann, muss wohl eher bezweifelt werden.

Oben habe ich gesagt, dass ich Nietzsche für krank halte. Das ist auch eine Tatsache, wenn man sich sein Leben anschaut. Seine Seele war krank. Sein Zarathustra ist ein Selbst-Heilungsversuch. Er wollte mit Vehemenz sein eigenes zerrissenes, unruhiges, an der Welt leidendes Bewusstsein heilen. Er steht damit in der deutschen Geschichte jedoch nicht als Einzelfall dar.

Die deutsche Seele ist insofern eine kranke Seele, weil es zu viele Zerrissenheiten, zu viel Selbstverachtung, geringe Selbstwertschätzung, zu wenig echte, natürliche Lebens- und Daseinsfreude, zu viel Größenwahn in allen Spielarten vorhanden war und ist.

Nietzsche spiegelt uns das wider.

Sein Zarathustra ist nicht nur ein gigantischer Selbstheilungsversuch, der am Ende leider scheitert, sondern auch der Versuch, eine neue Religion des Lebens und der Erde zu initiieren. Manche haben sich um 1900 davon inspirieren lassen. Ihren eigenen Versuch unternommen. Was ist von allem geblieben? Heute, 2020, betrachten wir das aus historischer Distanz. Es waren Bewegungen, mal kleiner, mal größer. Geblieben scheint mir nichts zu sein. Sie hatten in ihrer Zeit ihre Gültigkeit, ihre Bedeutung, aber dann nicht mehr.

Es ist keine neue Religion der Erde entstanden. Ob aus den Bemühungen von Leo Tolstoi mehr geworden ist, weiß ich nicht. Das ewige intellektuelle Gegeneinander, der permanente Skeptizismus zerstören die Ansätze oft schon im Keim. Ob es überhaupt ein Modell gibt, das überzeugend ist und dem sich sehr viele uneingeschränkt zuwenden können, muss bezweifelt werden.

Der Impetus einer umfassenden seelischen Befreiung, der sich im Zarathustra äußert, bleibt als Impuls bestehen. Heute gilt es immer noch, sich zu befreien, von falschen Vorstellungen und falschen Werten aller Art. Wenn wir allein die Obsessionen der Wirtschaft nehmen, die immer noch auf Expansion und Gewinnmaximierung setzt.

Ebenso fehlt ein gemeinsames höheres Ziel. Man muss es nicht „Übermensch" nennen, aber man muss eines haben, aber gegenwärtig hat sich die Menschheit im endlosen Gegeneinander verrannt.

Für sein Buch hat Nietzsche den Namen eines persischen Weisheits-lehrers (Zarathustra als Prototyp des Weisheitslehrers) verwendet. Er hätte sein Buch vielleicht auch *Also sprach Odin* nennen können, wenn er sich an deutsch-germanischer Mythologie orientiert hätte. Das hat er jedoch nicht.

Mich verwundert das insofern, als ja gerade zu der damaligen Zeit sich viele mit der deutsch-germanischen Mythologie beschäftigt hatten. Ich habe bei Safranski nichts zu der Frage gefunden.

Im Zarathustra bietet Nietzsche eine *Religion* an, die sich an der ERDE orientiert, und nicht mehr an einem jenseitigen Himmel. Aber die Idee hat er nicht wirklich weiter verfolgt und selbst gelebt schon gar nicht. Das haben dann andere nach ihm getan, vielleicht nach der Lektüre seines Buches.

Viel weiter sind wir bis heute nicht gekommen.

Deutschland ist heute ein multispirituelles Land. Jeder hat seine „Religion", eine gemeinsame Linie gibt es nicht, und eine deutsch-germanische schon gar nicht.

Was oder welcher Weg, welche Richtung entspricht der deutschen Seele oder dem deutschen Wesen?

Hermann Hesse, 1877 – 1962, eigene Bleistiftzeichnung

11. Hermann Hesse – der Geistesmensch

Hermann Hesse meint jeder zu kennen, jeder zu verstehen. Ob das wirklich der Fall ist, das ist die Frage. Ich glaube es nicht. Soweit mir in Erinnerung, äußert er sich in seinen Werken nicht direkt zum Thema des Deutschen. Ihm ging es vor allem um die Innenwelt, um die Welt der Seelen und der geistigen Entwicklung. Ich würde ihn als einen poetischen Geistesmenschen bezeichnen wollen. Damit stellt er etwas dar, was vielleicht typisch für Deutschland ist: in einer inneren Welt zu leben und diese zu kultivieren.

Amerikanische Autoren beispielsweise leben viel mehr in einer konkreten, realen, äußeren Welt. Ihre Werke sind prall gefüllt mit handfesten realen Elementen.

Geistige Entwicklung wird von vielen nicht unbedingt geschätzt und von manchem Beurteiler von Hermann Hesse eher abschätzig bewertet. Man redet dann von Selbstfindung oder gar von „pubertären" Problemen. Geistige Entwicklung und Entfaltung kann aber ein Lebensthema sein. Man ist dann immer auf einem Weg. Man ist dann immer unterwegs. Das ist kein Mangel, kein Defizit, sondern Ausdruck eines wachen Geistes, der sich immer neu, immer weiter entfaltet. Ob das manche Hesseleser so verstehen, möchte ich eher bezweifeln.

Diejenigen, die ihn ablehnen, und das sind nicht wenige Germanisten und Deutschlehrer, erwarten eher konkrete Problemwelten, z.B. sozialer und politischer Art. Mit der Geistesentwicklung, vor allem wenn sie ins Meditative und Mystische geht, können sie nicht so viel anfangen und wollen es oft auch nicht. Deshalb ist auch der Roman „Unterm Rad" bei Deutschlehrern so populär gewesen, und „Siddhartha" eben nicht. „Siddhartha" ist der Geistesmensch, der seinen eigenen, ganz individuellen Weg geht.

Wenn man an „Narziss und Goldmund" oder an das „Glasperlenspiel" denkt, könnte man vielleicht behaupten, dass Hesse ein verhinderter Mönch ist. Aber ich denke, das wäre ein zu negatives Urteil. Ein Geistesmensch lebt nun einmal ein geistiges Leben, das sagt bereits das Wort. Ob es nun literarische Studien sind, Meditationen oder Wanderungen mit dem Ziel, innere Erfahrung zu gewinnen, das ist vielleicht egal, kommt es doch auf die geistigen Erfahrungen an. Hermann Hesse propagiert in seinen Werken diesen Weg.

In der folgenden Textstelle begründet Siddhartha seine Entscheidung für den eigenen Weg. Die Lehre des Buddha war für ihn vollkommen, dennoch wollte er sie nicht einfach übernehmen und ein Anhänger des Buddha werden, sondern eben seinen ganz eigenen und individuellen Weg gehen.

"Mögest du mir, o Erhabener, nicht zürnen", sagte der Jüngling. "Nicht um Streit mit dir zu suchen, Streit um Worte, habe ich so zu dir gesprochen. Du hast wahrlich recht, wenig ist an Meinungen gelegen. Aber laß mich dies eine noch sagen: Nicht einen Augenblick habe ich an dir gezweifelt. Ich habe nicht einen Augenblick gezweifelt, daß du Buddha bist, daß du das Ziel erreicht hast, das höchste, nach welchem so viel tausend Brahmanen und Brahmanensöhne unterwegs sind. Du hast die Erlösung vom Tode gefunden. <u>Sie ist dir geworden aus deinem eigenen Suchen, auf deinem eigenen Wege, durch Gedanken, durch Versenkung, durch Erkenntnis, durch Erleuchtung.</u> Nicht ist sie dir geworden durch Lehre! Und--so ist mein Gedanke, o Erhabener--keinem wird Erlösung zu teil durch Lehre! Keinem, o Ehrwürdiger, wirst du in Worten und durch Lehre mitteilen und sagen können, was dir geschehen ist in der Stunde deiner Erleuchtungt Vieles enthält die Lehre des erleuchteten Buddha, viele lehrt sie, rechtschaffen zu leben, Böses zu meiden. Eines aber enthält die so klare, die so ehrwürdige Lehre nicht: <u>sie enthält nicht das Geheimnis dessen, was der Erhabene selbst erlebt hat,</u> er allein unter den Hunderttausenden. Dies ist es, was ich gedacht und erkannt habe, als ich die Lehre hörte. Dies ist es, weswegen ich meine Wanderschaft fortsetze--nicht um eine andere, eine bessere Lehre zu suchen, denn ich weiß, es gibt keine, sondern um alle Lehren und alle Lehrer zu verlassen und allein mein Ziel zu erreichen oder zu sterben. Oftmals aber werde ich dieses Tages denken, o Erhabener, und dieser Stunde, da meine Augen einen Heiligen sahen." (Suhrkamp Basisbibliothek, S.34; m.U.)

Der Roman Siddhartha wird als „indische Dichtung" bezeichnet. Vordergründig spielt er in indischer Landschaft und das Thema der Meditation und Versenkung verbinden die meisten sowieso mit Indien.

Aber stimmt das eigentlich, und muss man den Roman in eine indische Ecke stellen?

Ich denke nicht, und der meditative Weg, die via contemplativa, via und vita, Weg und Leben, das ist auch westlich. Ich sehe Hermann Hesse da auf den Pilgerwegen der alten Mönche, der Heiligen in der Frühzeit des Christentums. Das Indische, einschließlich der chinesischen, taoistischen Elemente, sehe ich als eher äußerlich an. Im Inneren ist es der Versenkungsweg in Gott wie ihn Franz von Assisi gegangen ist, den Hesse in Peter Camenzind erwähnt und dem er sogar eine eigene Monographie gewidmet hat.

Da stellt sich einem die Frage, ob das alles deutsch oder eher multikulturell ist. Vielleicht ist ja sogar das Deutsche im Innersten multikulturell, was sicher strengen Puristen und fanatischen Abgrenzern gar nicht gefallen dürfte.

Über Franz von Assisi schreibt Hesse zu Beginn:

„Denn jene großen Träumer und Heldenseelen haben es immerdar verschmäht, aus trüben Wassern zu trinken; sie haben niemals an Scheinbildern ihr Genüge gehabt und sind niemals mit einem Namen anstatt des Wesens noch mit einem Bildnis an Stelle des Wirklichen zufrieden gewesen, <u>vielmehr strebten sie in unersättlichem Drange an die ersten, reinen Quellen aller Kraft und jedes Lebens zurück</u>, gingen mit den geheimnisvollen Seelen der Erde, Pflanzen und Tieren um als mit ihresgleichen und ihnen eng verwandten Seelen, und begehrten – anstatt mit Bildnissen und symbolis und leeren Schatten – in ihren Nöten und Herzensfragen <u>unvermittelt mit Gott selbst zu reden</u>." (Hesse, Franz von Assisi, Insel-Ausgabe, S.10; m.U.)

Mir scheint dieses Streben ein ganz typisch deutscher Zug zu sein. Von Faust bis Heidegger: das Wesen der Welt zu erfassen. Sich nicht mit Äußerlichkeiten und Oberflächlichkeiten zufrieden geben, sondern tiefgründig zu sein, in den Ur-Grund des Seins, des Daseins, der Natur, des Lebens vorzudringen.

Ein Motiv, das bei Hesse mehrfach vorkommt, ist das „Gesicht". Es gibt nicht nur ein Gesicht, es gibt viele Gesichter. Jeder Mensch hat viele Gesichter, sprich Aspekte seiner Persönlichkeit. Schaut man sich Fotos von Hesse an, dann findet man auch hier recht unterschiedliche Gesichter. Wenn man sich allein die publizierten Bücher des Suhrkamp-Verlages ansieht, hat man ausgesprochen verschiedene Ausdrucksformen.

Neben der kontinuierlichen Entwicklung des Geistes und der Persönlichkeit scheint mir Hesse das Konzept der multiplen Persönlichkeit zu vertreten.

Bezogen auf den Deutschen würde ich sagen, dass es nicht den typischen Deutschen gibt, mit einem erkennbaren Einheitsgesicht. Das war nur mal für kurze Zeit ein irrealer Traum. Tatsächlich gibt es sehr unterschiedliche Gesichter im ganzen deutschsprachigen Raum. Sieht man es so wie Hesse, könnte man sagen, dass die deutsche Seele ganz unterschiedliche Gesichter hat.

Dazu gehört auch ein fundamentaler Gegensatz, den Hesse in seinem Roman „Steppenwolf" thematisiert, den zwischen Wolf und Mensch, zwischen dem Wilden, dem Rebellen, dem Einzelgänger und dem angepassten, unauffälligen Bürger. Oder in „Narziss und Goldmund" den Gegensatz zwischen dem Asketen und dem Sinnenmenschen. Zur Einheit und Ganzheitlichkeit gehören beide Seiten. Man versteht aus meiner Sicht Hesse nur dann richtig, wenn man beide Seiten sieht, achtet und miteinander versöhnt und verbindet. Man versteht ihn einseitig, wenn man sich für eine der beiden Seiten meint entscheiden zu können.

„Er sah seines Freundes Siddhartha Gesicht nicht mehr, er sah statt dessen andre Gesichter, viele, eine lange Reihe, einen strömenden Fluß von Gesichtern, von hunderten, von tausenden, welche alle kamen und vergingen, und doch alle zugleich dazusein schienen, welche alle sich beständig veränderten und erneuerten, und welche doch alle Siddhartha waren. Er sah das Gesicht eines Fisches, eines Karpfens, mit unendlich schmerzvoll geöffnetem Maule, eines sterbenden Fisches, mit brechenden Augen--er sah das Gesicht eines neugeborenen Kindes, rot und voll Falten, zum Weinen verzogen--er sah das Gesicht eines Mörders, sah ihn ein Messer in den Leib eines Menschen stechen--er sah, zur selben Se-

kunde, diesen Verbrecher gefesselt knien und sein Haupt vom Henker mit einem Schwertschlag abgeschlagen werden--er sah die Körper von Männern und Frauen nackt in Stellungen und Kämpfen rasender Liebe--er sah Leichen ausgestreckt, still, kalt, leer--er sah Tierköpfe, von Ebern, von Krokodilen, von Elefanten, von Stieren, von Vögeln--er sah Götter, sah Krischna, sah Agni--er sah alle diese Gestalten und Gesichter in tausend Beziehungen zueinander, jede der andern helfend, sie liebend, sie hassend, sie vernichtend, sie neu gebärend, jede war ein Sterbenwollen, ein leidenschaftlich schmerzliches Bekenntnis der Vergänglichkeit, und keine starb, doch jede verwandelte sich nur, wurde stets neu geboren, bekam stets ein neues Gesicht, ohne daß doch zwischen einem und dem anderen Gesicht Zeit gelegen wäre--und alle diese Gestalten und Gesichter ruhten, flossen, erzeugten sich, schwammen dahin und strömten ineinander, und über alle war beständig etwas Dünnes, Wesenloses, dennoch Seiendes, wie ein dünnes Glas oder Eis gezogen, wie eine durchsichtige Haut, eine Schale oder Form oder Maske von Wasser, und diese Maske lächelte, und diese Maske war Siddharthas lächelndes Gesicht, das er, Govinda, in eben diesem selben Augenblick mit den Lippen berührte. Und, so sah Govinda, dies Lächeln der Maske, dies Lächeln der Einheit über den strömenden Gestaltungen, dies Lächeln der Gleichzeitigkeit über den tausend Geburten und Toten, dies Lächeln Siddharthas war genau dasselbe, war genau das gleiche, stille, feine, undurchdringliche, vielleicht gütige, vielleicht spöttische, weise, tausendfältige Lächeln Gotamas, des Buddha, wie er selbst es hundertmal mit Ehrfurcht gesehen hatte. So, das wußte Govinda, lächelten die Vollendeten." (S.126; m.U.)*

Siddhartha strebt auf seinem Lebens- und Entwicklungsweg zur Vollendung, zu einer mystischen Vollendung, die er schlussendlich auch erreicht. Mehr oder weniger tun das alle individuellen Seelen. Was lebt, möchte zur Blüte kommen.

Es stellt sich die Frage, ob das besonders typisch für die deutsche Seele ist oder ob es bei den Deutschen im Verhältnis zu anderen Völkern besonders häufig vorkommt oder nicht. Wollen die Deutschen intensiver eine geistige Vollendung erreichen als die Russen, die Engländer, die

Franzosen oder andere? Ich kann das nicht erkennen und ich weiß auch nicht, ob man diese Frage überhaupt beantworten kann. Wahrscheinlich nicht. Also bleibt uns nur die Geschichte von Siddhartha bzw. die persönliche Geschichte von Hermann Hesse. Selbst bei der Bewertung der persönlichen Vollendung bei Hesse dürften wir unsere Schwierigkeiten haben.

Was jeder für sich mit Sicherheit beantworten kann, das ist die Frage, ob er selbst eine geistig-mystische Vollendung anstrebt oder nicht und ob er, wenigstens zeitweise, das Gefühl hat, diese auch erreicht zu haben oder nicht. Da es sich um eine individuelle Erfahrung handelt, kann wohl auch nur der Einzelne sagen, wie es sich bei ihm verhält.

Hier ein Zitat zur Vollendung aus dem Roman „Siddhartha".

„Siddhartha lauschte. Er war nun ganz Lauscher, ganz ins Zuhören vertieft, ganz leer, ganz einsaugend, er fühlte, daß er nun das Lauschen zu Ende gelernt habe. Oft schon hatte er all dies gehört, diese vielen Stimmen im Fluß, heute klang es neu. Schon konnte er die vielen Stimmen nicht mehr unterscheiden, nicht frohe von weinenden, nicht kindliche von männlichen, sie gehörten alle zusammen, Klage der Sehnsucht und Lachen des Wissenden, Schrei des Zorns und Stöhnen der Sterbenden, alles war eins, alles war ineinander verwoben und verknüpft, tausendfach verschlungen. Und alles zusammen, alle Stimmen, alle Ziele, alles Sehnen, alle Leiden, alle Lust, alles Gute und Böse, alles zusammen war die Welt. Alles zusammen war der Fluß des Geschehens, war die Musik des Lebens. Und wenn Siddhartha aufmerksam diesem Fluß, diesem tausendstimmigen Liede lauschte, wenn er nicht auf das Leid noch auf das Lachen hörte, wenn er seine Seele nicht an irgendeine Stimme band und mit seinem Ich in sie einging, sondern alle hörte, das Ganze, die Einheit vernahm, dann bestand das große Lied der tausend Stimmen aus einem einzigen Worte, das hieß OM : die Vollendung." (S.115)

Zusammenfassend würde ich sagen, dass es Hesse um geistig-spirituelle Entwicklungen und geradezu Gegenwelten zur normalen Alltagswelt geht. Vollendung bzw. Erleuchtung ist das Ziel, aber der Weg dorthin ist das geistig-spirituelle Leben, das selbst erfahren werden will.

12. Agnes Miegel – die „Mutter Ostpreußen"

Agnes Miegel, die heute teilweise vergessen ist, war sehr mit ihrem Heimatland Ostpreußen verbunden gewesen, sie hat die Seele des Landes in ihren Gedichten zum Ausdruck gebracht. Aber wer macht sich heutzutage noch bewusst, dass Ostpreußen einmal ein Teil des deutschen Reiches gewesen ist?

In der Ballade von Nidden geht um es die Abkehr vom Christentum und die Rückkehr zur ursprünglichen Religion.

Die Frauen von Nidden

Die Frauen von Nidden standen am Strand,
Über spähenden Augen die braune Hand,
Und die Böte nahten in wilder Hast,
Schwarze Wimpel flogen züngelnd am Mast.

Die Männer banden die Kähne fest
Und schrieen: „Drüben wütet die Pest!
In der Nied'rung von Heydekrug bis Schaaken
Gehen die Leute in Trauerlaken!"

Da sprachen die Frauen: „Es hat nicht Not,
Vor unsrer Türe lauert der Tod,
Jeden Tag, den uns Gott gegeben,
Müssen wir ringen um unser Leben.

Die wandernde Düne ist Leides genug,
Gott wird uns verschonen, der uns schlug!" -
Doch die Pest ist des Nachts kommen,
Mit den Elchen über das Haff geschwommen.

Drei Tage lang und drei Nächte lang

Wimmernd im Kirchstuhl die Glocke klang;
Am vierten Morgen schrill und jach,
Ihre Stimme in Leide brach.

Und in dem Dorfe, aus Kate und Haus,
Sieben Frauen schritten heraus,
Sie schritten barfuß und tief gebückt
In schwarzen Kleidern buntbestickt.

Sie klommen die steile Düne hinan,
Schuh und Strümpfe legten sie an,
Und sie sprachen: „Düne, wir sieben
Sind allein noch übriggeblieben.

Kein Tischler lebt, der den Sarg uns schreint,
Nicht Sohn und nicht Enkel, der uns beweint,
Kein Pfarrer mehr, uns den Kelch zu geben,
Nicht Knecht noch Magd ist mehr unten am
Leben.

Nun, weiße Düne, gib wohl acht:
Tür und Tor ist dir aufgemacht,
In unsre Stuben wirst du gehn,
Herd und Hof und Schober verwehn.

Gott vergaß uns, er ließ uns verderben.
Sein verödetes Haus sollt Du erben,
Kreuz und Bibel zum Spielzeug haben -
Nur, Mütterchen, komm uns zu begraben!

Schlage uns still ins Leichentuch,
Du unser Segen, einst unser Fluch. -
Sie, wir liegen und warten ganz mit Ruh." -
Und die Düne kam und deckte sie zu.

Paul Muth schreibt zu der Ballade:

"Treue" kann die Heimkehr zum Altväter-Glauben sein. Dies zeigt Agnes Miegel, von Menschen, die sie gekannt haben, zärtlich "Mütterchen Ostpreußen" genannt. Sie greift in der naturmagischen Ballade "Die Frauen von Nidden" einen historischen Stoff auf, um zu zeigen, dass gewaltsam Aufgezwungenes und mit List und Überredung am Leben Erhaltenes nicht auf Dauer Bestand hat. So ist es auch mit dem aufgezwungenen Christenglauben im einstigen Ostpreußen gewesen, wo, unter dem Eindruck äußerster Not, Menschen zu ihrer *wahren Mutter*, die ihnen entfremdet worden war, zurückfanden und die sie liebevoll zu sich nahm.

In einer Chronik über die Preußen teilte im Jahre 1326 der Ordensgeistliche Peter von Dusberg mit, welchem Glauben die alten Preußen, die Pruzzen, anhingen, bevor ihnen gewaltsam das Christentum übergestülpt worden war: "Die ganze Natur verehrten sie wie einen Gott." Die göttliche Natur belebten ebenfalls Götter, unter denen eine Rangfolge, ähnlich wie in Griechenland oder bei den Germanen, herrschte. Perkunos, der oberste Gott, entsprach dem germanischen Gott Wotan. Die Erd- und Fruchtbarkeitsgöttin Hulda (=Holla), seine Gemahlin, schützte Haus und Herd. Viele andere Götter teilten sich daneben ihre Aufgaben und waren Gegenstand der Verehrung. Die alten Preußen verehrten heilige Bäume, Wälder und Seen. Auch nachdem das Christentum Einzug gehalten hatte, lebten diese Plätze in der Erinnerung fort, entweder als Orte des „Teufels" oder als Plätze, die die Kirche für sich "vereinnahmte". Im Laufe der Zeit jedoch verblasste die Erinnerung an die "Mutter Natur", die das Leben gibt und wieder zu sich holt; doch nie ging sie ganz verloren, wie das Beispiel der Ballade, der ein Ereignis aus dem Jahre 1709 zugrunde liegt, zeigt.

Die Bewohner Niddens, einer kleinen Ortschaft auf der Kurischen Nehrung, wurden von der Pest, die über das Kurische Haff gekommen war, dahingerafft, nur wenige Frauen überlebten. Drei Tage und Nächte beteten sie inbrünstig im Beisein ihres Pfarrers und unter ständigem Geläut der Kirchenglocke zu Gott, der aber nicht half. Als der Pfarrer starb und die Glocke zerbrach, erinnerten sie sich des Naturglaubens ihrer Urahnen. Der geweihte Christenkelch bedeutete ihnen nichts mehr, der Wunsch, zum Naturglauben zurückzukehren, wurde stark. Gemeinsam suchten sie die Düne auf, ihr "Mütterchen", und sagten sich vom Christenglauben los. Die Natur, der sie so lange die Treue gebrochen hatten, deckte ihre Körper sanft zu und nahm sie zu sich.

Diese Ballade legt Zeugnis davon ab, dass Not wahre Treue zum Leben erwecken kann, ebenso die Erkenntnis, dass die Natur weit mehr Macht besitzt als Bibel und Kreuz, die am Ende das werden, was sie im Grunde sind, kraftlose Symbole. Der Satz "Not lehrt beten!", bezogen auf das Christentum, entpuppt sich - angesichts der Naturgewalt - als Irrglaube! Not führt zum Altväterglauben zurück. Hierin sehe ich den Ausdruck einer Treue zu der ur-deutschen Spiritualität. (Quelle: private Dokumentation)

13. Ernst Wiechert – ein Opfer der Nazis

Wenn man heutzutage (2019) von einem Opfer der Nazis hört, dann denkt man sofort an die Juden. Aber es gab auch Deutsche, die Opfer waren, vor dem Krieg, während und nach dem Krieg. Eines der Opfer war der ostpreußische Schriftsteller Ernst Wiechert.

In seinem Bericht „Totenwald" hat er seine Zeit im KZ-Buchenwald bei Weimar beschrieben. Er hat dort nicht lange (Juli-August 1938) verbringen müssen, aber ich denke, die ungerechte, willkürliche Internierung hat sehr starke und intensive Wirkungen auf seine zarte Seele ausgeübt.

Dauer und Art der Brutalität sind vielleicht weniger wichtig als die seelischen Auswirkungen, die Verletzungen der Seele. Eine zarte Seele, ein sensibler Mensch leidet sehr stark.

Als ein tiefreligiöser und kultivierter Bücher-Mensch konnte er den Absturz in die Barberei nicht fassen. Wie konnte es sein, dass ein Volk des Geistes, ein Volk der „Dichter und Denker", wie es so schön heißt, plötzlich einer rücksichtslosen Brutalität verfallen und diese bis zum Untergang durchziehen konnte? Wie konnte es sein, dass ein „Gott der Liebe" dies überhaupt zuließ?

Heute gibt es sozial-psychologische Erklärungen. Man spricht gerne von Verführung und von Manipulation. Die einen sind dann die bösen Verführer, die Macher, die anderen die Verführten, die Mitmacher und Mitläufer. Von einer kollektiven Psychose scheint man aus meiner Sicht eher nicht zu sprechen.

Für Wiechert gab es vor allem eine religiöse Erklärung. Man hat sich den bösen Geistern verschrieben. Man hat sich von Dämonen beherrschen lassen. Für ihn völlig unfassbar, und es hat seine Seele für immer traumatisiert.

Sein Bericht über die Zeit im KZ Buchenwald ist eine Verarbeitung. Sein Roman „Das einfache Leben" eine andere. Was wirklich in ihm vorgegangen sein mag, wer vermag das zu sagen. Vielleicht drückt meine Zeichnung das aus.

Ernst Wiechert, 1987 – 1950; eigene Zeichnung

"Sie schleiften ihn an den Füßen über den ganzen Appellplatz, indes sein nach unten liegendes Gesicht über die Wurzelenden und Steine des zertretenen Bodens eine blutige Spur zeichnete. Er blieb vor dem Tor liegen, und sie haben niemals erfahren, was aus ihm geworden ist.

War es denkbar, an einem solchen Tage die Sonne zu sehen, die Wolken, die Sterne? Und über dem allem das Antlitz eines gütigen Gottes, der dies alles als "Prüfungen" verhängt? Prüfungen einer Liebe, die einhundertdrei Tote und das Mehrfache an Gemarterten im Monat brauchte?"

(S.114)

"aber es war ihm, als trüge er das Schicksal aller dieser Tausende mit sich fort. Nein, er war nicht „wie ein Stein" hindurchgegangen. Das Blut aller dieser Leidenden war in sein Blut hineingeflossen und hatte es schwer und dunkel gemacht mit allen ihren Qualen. Noch schwerer und dunkler, als es schon gewesen war. Er wußte, daß es niemals mehr froh werden würde, so froh, wie es manchmal in der Jugend und ab und zu auch später gewesen war. ...... Seine Wunden vernarbten, aber was hier gewesen war, vernarbte nicht. Es würde keine Haut darüber wachsen, der Zeit oder der Vergeßlichkeit oder der wachsenden Gleichgültigkeit. Sie würden immer offen bleiben...... Es gab nur die Rache von Emporkömmlingen und die Roheit von Schlächtern. Das Volk war wie durch ein Sieb gefallen, und die Spreu hatte die Herrschaft übernommen. Gottes Wind war des Teufels Wind geworden. Niemals war die Nacktheit der Macht schamloser verbrämt worden, niemals das „Ebenbild Gottes" tiefer geschändet worden."

(S.129ff.; m.U.)

Eine verletzte, eine traumatisierte Seele sucht Heilung, irgendwie. Eine Flucht aus der Stadt, aus der modernen, mordenden Welt in die einfache Natur, zurück zum einfachen, elementaren Leben ist ein Weg. Spätere Generationen haben eher den Akzent auf eine Veränderung der Verhältnisse oder des Systems gesetzt. Wie weit man da gekommen ist, kann man jeden Tag sehen.

Was steht es nun mit dem Deutschen?

Wiechert beschreibt die seelische Zerrissenheit des Volkes. Dieses deutsche Volk war ja seit Jahrhunderten zerrissen. Allein durch die zwei Religionen, für die man sich sage und schreibe 30 Jahre bekämpfte, um am Ende doch nur eine Grenzlinie mitten durchs Land zu haben. Man hat sie immer noch. Man hat sie nicht beseitigen können.

1938 ging es um die Zerrissenheit zwischen denen, die das „politische Dogma", das „papierne Kalb" (S.73), anbeteten, und den anderen, die man in die „Arme des Molochs" stieß, die man also vernichten wollte.

Politisch denkende Menschen machen es sich vielleicht einfach: die einen sind die Guten, die anderen die Bösen. Damals, und heute ist es nicht anders. Schematismen helfen zu keiner Zeit weiter.

Der Gut-Böse-Schematismus ist uralt. Das Christentum ist davon bis heute geprägt. Für die einen den Himmel, die Hölle für die anderen. Ein archetypisches Denkmuster.

Ich denke, dass es Wiechert um die fürchterliche seelische Zerrissenheit ging, nicht um eine politische Standortbestimmung. Die seelische Spaltung betrifft jeden Einzelnen, jedes einzelne Bewusstsein, jede Gruppe, jeden Teil der Gesellschaft.

Einheit, innere, geistige Einheit und harmonische Verbundenheit wird sich so niemals schaffen lassen. Mir scheint Wiechert gerade darunter gelitten zu haben, dass ein Volk, das deutsche nämlich, innerlich zerrissen war. Diese Krankheit lässt sich nicht heilen, wenn man dem Faschismus den Antifaschismus entgegen setzt.

Aber die Flucht in die heile Welt der reinen Natur funktioniert auch nicht richtig, weil man das Leid mit nimmt, egal ob man nach Masuren flieht oder anders wohin.

14. Georg Trakl und die melancholische Seele

Georg Trakl, 1889 – 1914

VERFALL

Am Abend, wenn die Glocken Frieden läuten,
folg ich der Vögel wundervollen Flügen,
die lang geschart, gleich frommen Pilgerzügen,
entschwinden in den herbstlich klaren Weiten.

Hinwandelnd durch den dämmervollen Garten
träum ich nach ihren helleren Geschicken
und fühl der Stunden Weiser kaum mehr rücken.
So folg ich über Wolken ihren Fahrten.

Da macht ein Hauch von Verfall mich erzittern.
Die Amsel klagt in den entlaubten Zweigen.
Es schwankt der rote Wein an rostigen Gittern,

indes wie blasser Kinder Todesreigen
um dunkle Brunnenränder, die verwittern,
im Wind sich fröstelnd blaue Astern neigen.

Die melancholische Seele muss man aus meiner Sicht erspüren, sich in
ihre Weltsicht, ihre Emfindungsweise einfühlen.

Die dunkle Seele, die Weltschmerz-Seele

Mit der dunklen Seele meine ich hier nicht die böse Seite des Deutschen, die immer wieder im Zusammenhang mit der „Schuld" erwähnt wird, sondern die nachdenkliche, die melancholische, die grüblerische Seele.

Heute kann man sich fast fragen, ob es diese Seele noch gibt, weil überall in den Medien und im alltäglichen Leben der „Spaß" als wichtiges Lebensziel erwähnt wird. Vor einiger Zeit hörte ich im Radio noch einen Sender. Dort wurde dauernd vom „Spaß" geredet, immer ging es darum. Das ging mir so auf die Nerven, dass ich kein Radio mehr höre, wobei ich noch andere Gründe habe. Jeder Leser kann einmal selbst darauf achten, wie oft der Begriff genannt wird.

Die andere Seite ist da, sie ist immer da. Sie wird nur nicht so oft erwähnt. Und wenn man sie erwähnt, dann kommen manche Leute schnell mit der „Depression" und empfehlen sofort eine Therapie. Sie können und wollen die dunkle Seite nicht wirklich hinnehmen und akzeptieren. Auch die Tatsache, dass es im Winter nun einmal länger dunkel ist, dass der Himmel vielleicht häufiger trüb und bedeckt ist, stört sie, denn Stille und Nachdenklichkeit erfahren längst nicht die Wertschätzung wie der „Spaß".

Sanguinische Menschentypen sind nun einmal meist eher fröhlich und gut gelaunt, sie lachen gerne viel und laut. Das Leben ist ein Scherz, eine wunderbare Komödie.

Melancholische Menschentypen hingegen erfahren und sehen die dunklen Seiten des Leben, Krankheit, Verfall, Zerstörung und Tod. Die dunklen Seiten gehören zur ganzen Wahrheit des Lebens dazu. Das letzte Wort hat der Tod. Die dunkle Seele ist die traurige Seele, weil sie um die große Nacht weiß, um die dunkle Seite des Universums, um die unendliche Finsternis.

Die dunklen Wälder, die dunklen Moore, die dunklen Seen, das regnerische Wetter, der bedeckte Himmel haben vielleicht dazu geführt, dass die dunkle Seele häufiger in Deutschland anzutreffen ist.

15. Martin Heidegger und das Wesentliche

Ich suche nach einem gemeinfreien Foto von Heidegger. Es gibt keines, zumindestens kein gutes. Überhaupt sind die Fotos, die ich im Netz finde, alle ziemlich schlecht. Sie zeigen mir eher einen kleinen, zornigen Mann. Eher verklemmt. Das passt so gar nicht zu seinem gigantischen Werk.

Es gibt Fotos von seiner Hütte im Schwarzwald, die ich in den achtziger Jahren des letzten Jahrhunderts einmal besucht hatte. Nichts Besonderes. Eine einfache Hütte oberhalb von Todtnauberg.

Sich dem Wesentlichen widmen, das finde ich gut. Die Urängste, die Urfragen des Daseins, Leben und Tod, Vergänglichkeit, Bewusstsein und das Verschwinden von Bewusstsein.

Aber warum so viele Texte schreiben?

Warum nicht mehr meditieren?

Warum nicht mehr geerdet sein?

In einer Hütte im Schwarzwald sitzen und denken, immer wieder denken, und schreiben, alles aufschreiben, immer mehr – vielleicht ist das typisch deutsch. Die große Welt der Städte ist weit weg. Freiburg war sicher nur eine Kleinstadt am Rande des Schwarzwaldes im Verhältnis zu Berlin oder London oder New York.

Als ich Rüdiger Safranskis Buch über Heidegger, „ein Meister aus Deutschland", gelesen hatte, hatte ich eigentlich keine handfesten konkreten Ergebnisse. Nach Safranski ist Heideggers Verdienst wohl vor allem das gründliche Fragen, um so eine neue Offenheit und Weite zu gewinnen. Gewissermaßen das Wundern darüber, dass etwas IST.

Den meisten dürfte Heidegger zu unkonkret sein. Zu wenig psychologisch, sozial, spirituell oder religiös im herkömmlichen Sinn, und wenn politisch, dann bleibt das zumindest problematisch.

Heidegger hatte eine besondere Sprache verwendet. Oft waren es deutsche Wörter, deren Bestandteile er genauer untersucht hatte. Es fragt sich nur, was uns das hilft, wenn es z.B. um das Adjektiv „deutsch" geht. Wenn es nur so viel bedeutet, wie *zum Volk gehörend*, dann fehlt ein klarer Inhalt. Um welche Qualität handelt es sich? Welche ist jetzt und heute vorhanden? Welche, und diese Frage finde ich noch viel wichtiger, welche wollen wir anstreben?

Naturverehrung halte ich für wichtig, weil die Natur die Basis von allem Leben ist, das nachhaltig, ökologisch und vor allem in jeder Hinsicht ausgewogen sein will.

Gibt es bei Heidegger die Naturverehrung? Ich habe nicht den Eindruck. Er mag den Schwarzwald geliebt haben, die Gegend um Todnauberg. Vielleicht die Schwarzwaldtannen. Davon scheint mir aber nirgends die Rede zu sein.

Das typische Schwarzwaldhaus und die dunklen Tannen. Braucht man mehr Sein? Braucht man dafür endlose Erklärungen, Überlegungen und endlose Textansammlungen.

Das Schwarzwaldhaus und die Tannen. Wenn man beides schätzt und bewahrt, dann hat man alles. Mehr braucht es nicht.

Ich lebe nicht im Schwarzwald, sondern im Urstromtal zwischen dem Elm und dem Fallstein. Das alte Fachwerkhaus und der wildbelassene Hügel, das gilt es hier zu schätzen und zu bewahren. Das Fachwerkhaus und der *Feldweg* über den Hügel. (Anspielung auf Heideggers kleine Schrift über den Feldweg.) Das ist alles! Das ganze Sein und die ganze Zeit seit der Eiszeit. Mir genügt das. Für mich ist das eine Welt, die ganze Welt.

Die Tibeter, die noch Nomaden sein können – oder konnten, vor Jahrzehnten – hatten ihr Tal, ihren Fluss, ihre Tiere, vor allem die Yaks und ihre einfachen Zelte oder Hütten. Das war ihre ganze Welt. Für die geistige Welt hatten sie ihre Buddhas und ihre Naturgeister.

Was hatte der Martin Heidegger? Ich fürchte, es ist bei ihm alles abstrakt geblieben, bis auf die kleine Hütte am Waldrand.

Hier ein Video zum Feldweg, gesprochen von Martin Heidegger:
https://www.youtube.com/watch?v=OQyeF6clwWg

16. Siegfried Lenz, Deutschstunde und die Pflicht

Siegfried Lenz hat mit seinem Roman der deutschen Seele ein Denkmal gesetzt. Dabei gibt es, wie in jedem guten Roman, verschiedene zentrale Aspekte.

Da ist einmal der Schriftsteller, im Roman der Siggi Jepsen, der alles genau (obsessiv?) notiert, aufschreibt, beschreibt, sich vielleicht in unwichtigen Details verliert, aber er will die ganze Atmosphäre erfassen, die zu dem zentralen Konflikt zwischen dem Polizisten und dem Maler führt.

Jens Ole Jepsen ist der deutsche Untertan. Der Beamte, der alles korrekt machen will und macht, der seine Pflicht tut. Heute, da sich so mancher Politiker nicht mehr richtig oder gar nicht an Pflichten, notwendige Aufgaben oder an Versprechen hält, bekommt das Thema der Pflicht eine neue, nicht erwartete Bedeutung. Vor Jahrzehnten konnte man sich vielleicht noch gegen Pflicht wenden, aber heute?

Im Übrigen war ich selbst Beamter und habe Pflicht immer als einen positiven Wert gesehen. Auch wenn der Roman von Lenz während der NS-Zeit spielt, so ist damit nichts gegen die Pflicht gesagt. Der einfache Polizist hat seine Pflicht getan, das war gut, das ist gut. Ein einfacher Polizist ist nicht für die Politik verantwortlich. Auch heute nicht! Ein einfacher Beamter wie ich als Lehrer am Gymnasium auch nicht.

Der Künstler im Roman hat es da einfacher. Er ist der Kunst verpflichtet, der Darstellung der Wahrheit mit künstlerischen Mitteln. Das ist seine Pflicht. Sie passte nicht zu der „Weltanschauung" der damaligen Zeit. (Die reale Geschichte von Emil Nolde muss hier nicht interessieren, geht es doch um den Roman von Lenz!)

Der Künstler im Roman ist der Gegner des Polizisten. Sie haben konträre Auffassungen von Wahrheit und Pflicht. Die Pflicht gegenüber einem Staat ist eine andere als die Pflicht gegenüber einem Ideal. Das kann einen Menschen, wenn er beides hat, zerreißen, aber auch eine ganze Gesellschaft kann darunter leiden.

Allgemein kann man hier und da lesen, dass sich Lenz in seinem Roman kritisch mit dem Dritten Reich auseinandergesetzt hat. Man kann es auch etwas anders sehen. Lenz, der vermutlich sein Leben lang vom Verlust Ostpreußens und dem Untergang des Dritten Reiches geprägt war, hat schlicht und einfach alles aufgeschrieben, so wie es eben war.

Ich tu nur meine Pflicht, Max, so sieht es der Polizist. *Es kotzt mich an, wenn ihr von Pflicht redet. Wenn ihr von Pflicht redet, müssen sich andere auf was gefaßt machen*, so sieht es der Maler Max Ludwig Nansen. (S.73-74)

Die meisten Leser dürften sich auf die Seite des Malers stellen und gegen den Polizisten sein, der schließlich ja auch systemtreu gewesen ist. Aber will Lenz eine so einfache Reaktion des Lesers haben? Will er nicht, dass man beide Seiten versteht, einfach versteht – und die Tragik des Gegensatzes, dass die Menschen in einem tragischen Konflikt gefangen waren?

Hätte er eine einfache moralische gut-böse Beurteilung haben wollen, dann hätte er sich den ganzen Roman sparen können. Aber so simpel ist die Realität nicht, so simpel ist das Leben nicht. Es ist vielmehr tragisch gespalten.

Ich habe meinen Auftrag, er gibt sich seinen Auftrag. Ich habe ihm erklärt, was er nicht tun soll, und er hat mir erklärt, was er auch weiter tun wird. Ich kann keine Ausnahme zulassen, aber er möchte die Ausnahme sein.

Wer seine Pflicht tut, der braucht sich keine Sorgen machen – auch wenn sich die Zeiten einmal ändern sollten. (S.101-102)

Heutzutage wird die damalige Pflicht allgemein schlecht bewertet. Bewertet man aber Pflicht schlecht, dann hat man keinen Maßstab mehr. Man muss sich als Leser schon seine eigenen Gedanken machen über die tragischen Zeitumstände. Man bilde sich nicht ein, sie wären heute besser oder eindeutiger. Die existentielle Grundtragik haben wir heute wie vor 100 oder mehr Jahren. Der Roman von Lenz ist ja gerade deshalb ein großartiger Roman, weil er keine simple Schublade als Antwort gibt. Diejenigen, die gegenwärtig (2019) dauernd mit der Diffamierung *Nazi* oder *Rassist* kommen, könnten etwas lernen, wenn sie es denn wollten.

Wie sehr müssen sich heutige Menschen einem System anpassen, das vielfach kriminell ist, das Menschen und Natur zerstört!

Lama Anagarika Govinda – ein deutscher Buddha?

Die Realisation und Vollendung des romantischen Traums

Bei Lama Anagarika Govinda (1898 – 1985), geboren in in Waldheim (Sachsen) als Ernst Lothar Hoffman, kann man sich wieder fragen, ob man ihn überhaupt als „Buddha" ansehen kann oder nicht. Ich kenne ihn seit über 35 Jahren und bin immer wieder von ihm inspiriert worden. Ich denke, dass Inspiration ein wichtiges Kriterium ist. Wird man von einer Persönlichkeit inspiriert oder nicht? Wird man zu einem spirituellen Weg inspiriert – ja oder nein? Bietet eine Person eine besondere spirituelle Botschaft, gerade für die heutige Zeit oder die Zukunft? Letztere scheint mir sehr wichtig, denn Botschaften, die historisch nun einmal überholt sind, bringen uns heute nichts mehr. Sie waren zu ihrer Zeit gut und sinnvoll, sind es heute jedoch nicht mehr.

Die beiden von mir genannten Kriterien, Inspiration und relevante Botschaft, werden von Lama Anagarika Govinda erfüllt. Sein Buch über seine Pilgerfahrten nach Tibet „Der Weg der weißen Wolken" hat sicher sehr viele Menschen inspiriert. Ich selbst habe es viele Male gelesen und habe immer den universellen, tiefgehenden Geist des Autors gespürt. Das Buch enthält sehr viele Weisheiten zum spirituellen Leben. Davon kann man lernen, nicht nur als „Buddhist". Govindas Weisheit geht über konfessionelles Denken meilenweit hinaus.

Wer nur eine der Weltreligionen gut kennt, der kennt nicht viel, geschweige denn alles. Govinda kennt auf jeden Fall die christliche und die buddhistische Religion sehr genau. Somit kann er sie vergleichen, somit ist er zu einer universellen Synthese von westlichem und östlichem Denken in der Lage.

Den Gedanken einer Synthese des westlichen und des östlichen Denkens finde ich seit ca.40 Jahren interessant, inspirierend und vor allem richtig. Heute, im Zeitalter globaler Vernetzung und Kommunikation, halte ich den Gedanken für wichtiger denn je. Wir können uns nicht mehr nur auf eine Sicht, eine Perspektive beschränken. Wir müssen uns auch nicht entscheiden, was uns dieser oder jener spirituelle „Versicherungsvertreter" weismachen will. Wir können das eine mit dem anderen verbinden und uns auf diese Weise spirituell bereichern.

Das Konzept einer Synthese des westlichen und des östlichen Denkens ist von vielen entwickelt und auch gelebt worden. Es ist nicht nur die Idee von Govinda. Es ist eher ein Element der historischen spirituellen Entwicklung. Das ist wie mit dem internationalen Denken oder der interkulturellen Kommunikation. Das ist der Entwicklungsstand des menschlichen Geistes, der nicht mehr auf eine Nation, eine Sprache, eine Kultur, eine Religion beschränkt ist, sondern der über diese engen Grenzen hinausgewachsen ist und hinauswachsen sollte, um sich neue Welten zu erschließen.

Vielleicht ist das der zentrale Kern der Inspiration durch Govinda, der sich als Deutscher (geboren am 17.5.1898 in Waldheim, Sachsen, als Ernst Lothar Hoffmann) die tibetische Welt und Spiritualität so intensiv erschlossen hat, dass er mehr ein *Tibeter* als ein Deutscher war. Aber es geht natürlich nicht um Nationalitäten, sondern es geht um erweiterte menschliche Dimensionen (multidimensionales Bewusstsein). Man muss nicht im Land seiner Herkunft bleiben, man muss nicht bei der von den Eltern, Lehrern und Pfarrern vermittelten Religion bleiben, sondern man kann in eine andere Welt gelangen!

Das ist heute immer noch sehr wichtig. Besonders in Kulturen, die es ihren Mitgliedern kategorisch verbieten, andere Dimensionen überhaupt kennenzulernen. Das Menschenrecht der geistigen und spirituellen Entfaltung gilt vielfach nicht. Und selbst wenn man es theoretisch anerkennt wie in Deutschland, dann nicht unbedingt in der Praxis, ganz zu schweigen von bewusster Förderung.

Während meiner Arbeitszeit als Lehrer am Gymnasium habe ich es nicht wirklich erlebt, dass Kollegen ernsthaft an der Entwicklung und Entfaltung des Bewusstseins interessiert waren. Das lag zum einen daran, dass es nicht ihr persönliches Thema gewesen ist. Sie wussten zwar mehr als die Schüler, verfügten über viel theoretisches Wissen, abstraktes Wissen, aber sie hatten keine eigene, höhere Erfahrungsdimension. Zum anderen ist der Geist von Lehrplänen bis heute vor allem an Programmierung und Konditionierung ausgerichtet. Aus Kindern soll brauchbares Material für eine allmächtige Wirtschaft werden, darum geht es. Und drittens ist eine freie Entfaltung des Bewusstseins, die den Namen verdient, in einer im Grunde diktatorischen Gesellschaft verboten. Das gilt übrigens auch für östliche Gesellschaften, man mache sich da nichts vor.

Der positive Impuls, der von Menschen wie Govinda ausgegangen ist und weiterhin ausgeht, besteht darin, dass es die Möglichkeit einer universellen Entfaltung des eigenen Bewusstseins gibt. Spiritualität ist dann keine Frage der Konditionierung (die Begriffe Konfirmation oder Firmung klingen bereits danach!), sondern des individuellen, persönlichen Weges selbst gemachter Erfahrungen und Erweiterungen des Geistes und des gelebten Daseins. Man kann etwas erfahren, man kann etwas entwickeln, man kann etwas realisieren. Man muss nicht bei der Haltung des dümmlichen bloßen Anbeters irgendeiner diffusen Übermacht stehen bleiben, die einen am Ende nur unterdrücken will. Man muss keinen Unterdrücker anbeten. Das ist ja gerade das negative Element der Religionen, dass immer irgendeine Supermacht einen unterdrückt und dass man das auch noch gut finden soll. Bereits Goethe hat sich in seinem Gedicht „Prometheus" dagegen gewehrt. Aber nicht nur er, sondern viele seiner Zeitgenossen. Es reicht aber nicht aus, wenn Deutschlehrer an Gymnasien dieses Gedicht behandeln, selbst aber spirituell ungebildet bleiben.

Ich würde nicht sagen wollen, dass spirituelle Rebellion der Impuls bei Govinda gewesen ist, sondern die universelle Erweiterung des Bewusstseins, die sich logischerweise immer gegen Engstirnigkeit und Beschränktheit richten muss, dennoch ist die entscheidende Richtung das höhere Bewusstsein, die Entfaltung des Bewusstseins.

Eigentlich ist es ganz natürlich und logisch, dass man für eine Entfaltung des Bewusstseins ist. Aber Logik richtet sich auch an Machtinteressen aus. Die Mächtigen und all ihre Vertreter bis hinunter zum kleinen Beamten in seiner Amtsstube wollen keine freie Entfaltung des Bewusstseins, sondern nur Funktionsmenschen, Konsummenschen, Soldaten etc., die ihren Apparat erhalten. So gesehen, ist die angebliche Logik oder Vernunft eine Pseudologik oder Pseudovernunft. Das muss man durchschauen und das braucht manchmal seine Zeit. Ich habe die falschen Spiele auch nicht gleich durchschaut, sondern musste erst von vielen Geistesgrößen lernen. Wenn man sie natürlich nicht studiert, wenn man nicht liest, dann bleibt man dumm wie der grölende Fußballfan, wie das katholische Mütterchen, das nur seine Gebete herunterleiern kann oder der Wissenschaftler in seinem Elfenbeinturm.

Gewünscht ist in der heutigen Welt vor allem die technische Form der Intelligenz, weil man mit ihr Geschäfte machen kann. Andere Formen der Intelligenz, wie die kreative Intelligenz oder die emotionale, sind schon weniger gewollt. Aber die spirituelle Intelligenz? „Gott bewahre uns!", mag ein erzkonservativer Religionsvertreter ausrufen. Es könnte natürlich sein, dass das ganze spirituelle Wolkenschloss mitsamt dem Schlossherrn in sich zusammenfällt. Das will man natürlich verhindern, also unterdrückt man lieber, lehnt ab, verfolgt, diffamiert, ignoriert, stellt in Frage, ist nur skeptisch, hat diffuse Ängste etc. Die Palette der Abwehrmaßnahmen, auch und gerade der psychischen, ist sehr groß.

Zurück zum Positiven: Es geht um die Entfaltung der Möglichkeit eines multidimensionalen Bewusstseins. Kritik an der Gesellschaft ist nur ein notwendiger Bestandteil des Weges der spirituellen Befreiung und Entwicklung.

Vision

„Vision" ist ein wichtiges Stichwort für eigene spirituelle Wege und Entwicklungen. Govinda beginnt sein Werk „Der Weg der weißen Wolken" auch mit diesem Thema. Dabei behandelt er sowohl die Vision seines Lehrers und Meister Tomo Gesche Rimpotsche als auch seine eigene in einem Kloster. Govinda schreibt:

„Ich möchte hinzufügen, daß der Tibeter solche Visionen nicht für göttliche Offenbarungen letzter Wirklichkeiten hält, sondern sich durchaus ihrer Relativität und ihres psychischen Ursprungs bewußt ist. … und wenn ihnen auch kein Bestand, keine bleibende Wirklichkeit zukommt, so enthalten sie dennoch Symbole, deren stets wiederkehrende Formen Wegweiser und Anreger zur höchsten Vollendung, zur Erleuchtung sind.

Es wird daher in den heiligen Schriften (insbesondere den Tantras) wieder und wieder gewarnt vor den zwei Extremen, von denen das eine darin besteht, Schauungen höchster Bewußtseinsstufen für letzte Wirklichkeit zu halten – wodurch wir uns an sie verhaften und auf halbem Wege stecken bleiben –, während das andere Extrem darin besteht, solche Schauungen jegliche Wirklichkeit abzusprechen, in dem Gedanken, daß sie ja nur geistgeschaffen seien. Dadurch verkennen wir die entscheidende Rolle eben dieses unseres Bewußtseins und seiner potentiellen Möglichkeiten und berauben uns somit eines wertvollen Mittels zum Fortschritt." (Govinda, S.30)

Das Zitat zeigt uns die dialektische Denkweise von Govinda, die alle Ebenen der Realität erkennen und zueinander in Beziehung setzen möchte. Er vertritt keinen absoluten Standpunkt, wenn man sich den Anfang des Zitates ansieht. Visionen haben eine wichtige Rolle für die Entwicklung unseres bewussten Seins, insofern sind sie hilfreich, sinnvoll, bedeutungsvoll. Man kann und sollte sie nicht vom geistigen Entwicklungsprozess isolieren. Am Ende ist es immer entscheidend, ob wir durch eine Vision im Leben weitergekommen sind. Wir können schöne Visionen haben, aber wenn wir nichts daraus machen und sie nicht in die Realität umsetzen können, dann haben wir damit nicht viel gewonnen. Das ist eine allgemeine Lebensweisheit. Sie gilt für die Visionen eines Indianers (z.B. Black Elk) wie für die Visionen einer christlichen Heiligen wie Hildegard von Bingen.

Visionen sollten uns also auf dem spirituellen Weg helfen, indem sie uns ein starkes, positives Bild einer zu realisierenden Zukunft vermitteln. Wir haben damit eine Art Seelenprogramm, ein Lebens- und Daseinsmodell. Allerdings müssen wir das dann auch umsetzen, wozu wir meistens Jahrzehnte brauchen. Das gilt auch für das Leben von Govinda.

Initiation

Initiation ist ein weiteres zentrales Stichwort. Initiation ist die Einführung und Eröffnung einer neuen, bisher nicht bekannten Welt und Wirklichkeit durch einen spirituellen Meister (= Guru im Indischen). Das ist nicht nur eine übliche Belehrung oder gar eine reine Information, worauf man im Westen so fixiert ist. Man will Informationen, aber keine Belehrungen haben, man will zwar dies und das wissen, aber nicht wirklich etwas lernen. Und Initiation, also die tiefe Übermittlung eines „heiligen Geistes" durch einen Guru, mag vielen Unkundigen Angst einflößen. Das fängt schon beim Vokabular an, mit dem man das Phänomen ausdrückt.

Man stelle sich das Bewusstsein wie einen Computer vor. Man hat vom Händler das Standardprogramm auf seinem Computer, mehr aber nicht. Nun wünscht man sich ein besonderes Programm, mit dem man sein Bewusstsein erweitern kann. Dafür ist ein Download fällig, aber man weiß nicht, wo und vor allem nicht, wie man es herunterladen kann. Was braucht man also? Einen Spezialisten, jemanden, der dazu in der Lage ist, der die höheren Programme des Seins kennt und der sie übertragen kann. Das ist, im spirituellen Bereich, eben der Guru.

Ein „Guru" ist in der indischen und der tibetische Tradition mehr als ein Pfarrer oder Pastor im Westen, der meistens nur Wortwissen und ein bisschen Katechismus vermitteln kann. Eine geistig-spirituelle Initiation ist aber weit mehr als das. Es geht um die Übertragung eines Bewusstseinsstromes, was man durchaus wörtlich verstehen kann, also um die Übertragung eines elektrischen Impulses, der das ganze Wissen *in nuce* enthält.

„Ich verneigte mich vor dem Guru, und er legte seine Hände segnend auf meinen Kopf: Hände, deren leichteste Berührung einen Strom unsagbarer Glückseligkeit durch den ganzen Körper fließen ließen und mich derart erfüllten, daß alles, was ich mir zu sagen oder nur zu fragen vorgenommen hatte, aus meinem Geist verschwand, wie Nebel vor der Sonne." (Govinda, S.65) So beschreibt Lama Govinda die Begegnung mit seinem Guru. Das heilige Mantra der Tibeter: **OM MANI PADME HUM** hat er dann viele Jahre später in einem umfassenden Werk analysiert und gedeutet.

Die Initiation mag ein kurzer Moment sein, in dem das geistige Band, die geistige Verbindung hergestellt wird. Es kommt ganz darauf an, dass eine geistige Verbindung hergestellt wird. Man braucht heutzutage ja auch nicht lange, um ins Internet zu kommen. Das geht in der Regel sehr schnell. Aber man braucht für das Leben, für die Entfaltung des Lebens Zeit, Jahrzehnte, wie gesagt.

„Dieses „geistige Band" kommt in dem tibetischen Wort *dam-ts'hig* zum Ausdruck. Es bezeichnet die innere Beziehung zwischen Guru und Tschela (sowie auch die Beziehung zwischen dem Göttlichen – in welcher Form es sich immer offenbaren mag – und dem es verehrenden menschlichen Individuum) und kennzeichnet die spontane innere Bewegung und Verwirklichung, auf die sich diese Beziehung gründet." (Govinda, S.71)

Christlich gesehen, muss man es sich so vorstellen, dass die geistige Übertragung direkt von Jesus bzw. Gott kommt. Die menschliche Person, mit der wir es zu tun haben oder ein besonderes Erlebnis, bilden das Verbindungsstück, den Kanal. Der göttliche Geist wird direkt in unsere Seele übertragen. Es handelt sich hier also nicht um eine spezielle buddhistische Technik etwa, sondern um ein anthropologisches Phänomen, das überall in der Welt auftreten kann. Schamanische Kulturen sind die ältesten spirituellen Kulturen auf der Erde – und auch hier gibt es selbstverständlich die Initiation.

Zurück zum Buddhismus. Der buddhistische Schüler soll sich seinen Guru als Buddha vorstellen. Die geistige Übertragung kommt somit direkt von Buddha. Der real existierende Meister, der Guru, ist nur der Übermittler, derjenige, der das geistige Band knüpft, der die höhere Dimension universeller Weisheit mit dem einzelnen Menschenwesen vor ihm verbindet. (In der christlichen Tradition ist das übrigens eigentlich der *Segen*, sofern es nicht nur hingesagte Worte und Formeln sind. Aber spirituelle Degeneration gibt es nicht nur in unserer Kultur.)

spirituelle Weisheit im „heiligen" Tibet

Vom Christentum haben sich in Europa sicher viele Geistesmenschen deshalb abgewendet, weil ihnen keine Weisheit vermittelt worden ist, kein spirituelles Wissen, das ihnen eingeleuchtet hätte und mit dem sie wirklich etwas hätten anfangen können. So haben sie die Weisheit, tiefer gehendes Wissen in anderen

Kulturen gesucht – und gefunden. Man hatte insbesondere geistigen Hunger nach psychologischer Tiefe und Wahrheit, die dem menschlichen Wesen gerecht wurde. Man wollte keine „Kinder-Märchen" mehr, sondern spirituelle Wahrheiten über das Wesen des menschlichen Geistes.

Das Christentum verfügt durchaus über dieses Wissen, aber die normalen Pfarrer und Religionslehrer vermitteln es nicht. Sie kommen mit den einfachen Bibelgeschichten, den bekannten Gleichnissen und vor allem den Geboten, die nicht mehr richtig zeitgemäß und hilfreich sind. Sie haben das Gute der eigenen Tradition vielfach vernachlässigt und vergessen. Ganze Schriften zum Thema Kontemplation mussten erst in den letzten Jahrzehnten wieder neu entdeckt werden. Das Wissen des normalen Christen von Mystik ist oft sehr mangelhaft oder gleich gar nicht vorhanden.

Govinda und viele nach ihm haben universelle Weisheit des menschlichen Bewusstseins und der Entwicklung und Entfaltung des Bewusstseins im Osten, in Tibet, gesucht. Das Land Tibet wurde so zum Synonym für ein Land der Weisheit. Shangri-La. Ein wahrhaft heiliges Land – nicht nur eines, das zwar so genannt wird, aber sich seit Jahrtausenden unheilig verhält und in dem Andersdenkende gesteinigt oder auf andere Weise ermordet werden. Tibet erschien daher Menschen wie Govinda als das geistige Land schlechthin. Dass die ökonomische oder soziale Realität oft dem nicht entsprach, wurde vielleicht übersehen, vielleicht auch verdrängt. Es kommt aber in diesem Fall auf die spirituelle Funktion von Tibet an, die darin bestand, davon auszugehen, dass ein spirituell geprägtes Land des Friedens und der universellen Weisheit möglich und realisierbar ist, sofern man an seinem Bewusstsein arbeitet, sofern man sich geistig und spirituell schult. Von allein ist eine spirituelle Welt nicht zu haben. Man muss nicht daran glauben, sondern man muss dafür etwas tun. Man muss an seinem Bewusstsein arbeiten.

Meditation ist allgemein die Methode, sein Bewusstsein zu entwickeln, sein ganzes Menschsein zu entwickeln. Also nicht nur den frommen Wunsch mal zu haben, es möge doch Frieden und Verständigung geben, sondern sich selbst so gut und gründlich wie nur irgend möglich zu verwandeln, damit es eine friedliche Welt des Geistes und der umfassenden Verständigung gibt. Govinda vermittelt in sehr positiver und motivierender Weise diesen Geist der Bewusstseinsentwicklung. Ich kann nur jedem Leser empfehlen, sein Buch „Der Weg der weißen Wolken zu lesen". Sein Hauptwerk, „Grundlagen tibetischer Mystik", ist mit Sicherheit ein absolutes Spitzenwerk der spirituellen Welt-Literatur. Das ist nicht meine subjektive Meinung oder gar Vorliebe, sondern einfach eine Tatsache. Es ist auch keine leichte Kost, sondern ein schwieriges Werk, das man nicht schnell durchlesen kann, sondern langsam durch*arbeiten* muss. Wie wissenschaftliches Niveau, so muss man sich auch spirituelle Weisheit erarbeiten.

Mantra

Für die buddhistische Praxis ist die Verwendung von Mantren unerlässlich. Mantren bestehen aus verschiedenen Keimsilben (Om, Hum, Hrih etc.), die jeweils eine komplexe Bedeutung haben. Ich kenne keinen Autor, der sie so gut und so genau analysiert hat wie Lama Govinda. Aus seinem Buch „Schöpferische Dimension und multidimensionales Bewusstsein" (S.111) möchte ich das folgende Diagramm zitieren.

Es soll dem Leser verdeutlichen, welche komplexe Bedeutung allein in einer Keimsilbe vorhanden ist. Er kann nicht alles verstehen und hier ist auch nicht der Ort, um es ausführlich zu erklären. Es geht nur darum, einmal die komplexe Bedeutung eines zentralen Symbols der tibetischen Mystik aufzuzeigen.

Die einzelnen Namen auf der rechten Seite in Klammern stehen für die Weisheitsbuddhas (Dhyani-Buddhas). Jeder Buddha steht für einen Aspekt der universellen Weisheit. In der Meditation geht es zunächst darum, die einzelnen Aspekte der Weisheit zu entwickeln und sie dann in einer Gesamtschau zusammenzuführen. Allein das macht dem Leser vielleicht deutlich, was zu tun, also zu *erarbeiten*, ist.

Man kann Govindas zentrales Werk „Grundlagen tibetischer Mystik" mit wichtigen, aber schwierigen Werken der Geschichte der Philosophie vergleichen. Als Beispiele möchte ich nennen: Kants „Kritik der reinen Vernunft", Hegels „Phänomenologie des Geistes" und Heideggers „Sein und Zeit". Wer eines der Werke studiert hat, weiß, wie lange er dazu gebraucht hat.

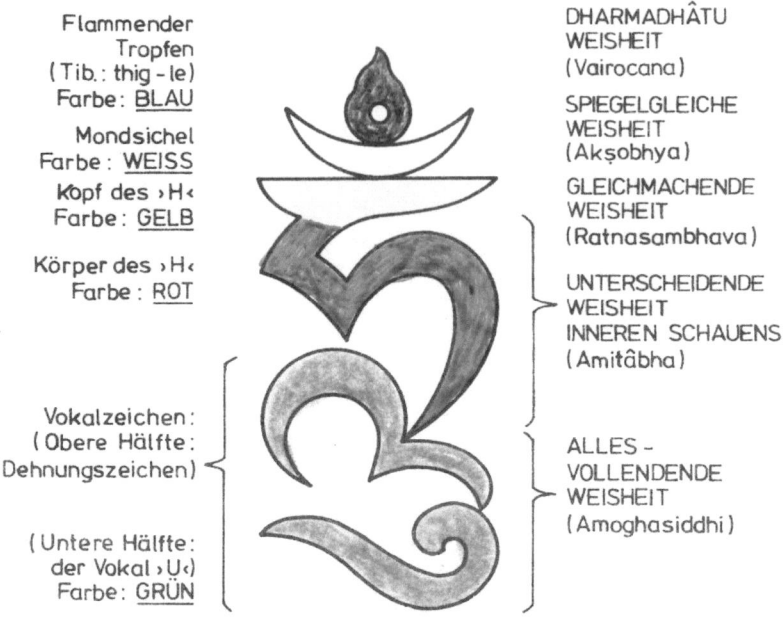

Flammender
Tropfen
(Tib.: thig - le)
Farbe: <u>BLAU</u>

Mondsichel
Farbe: <u>WEISS</u>

Kopf des ›H‹
Farbe: <u>GELB</u>

Körper des ›H‹
Farbe: <u>ROT</u>

Vokalzeichen:
(Obere Hälfte:
Dehnungszeichen)

(Untere Hälfte:
der Vokal ›U‹)
Farbe: <u>GRÜN</u>

DHARMADHÂTU
WEISHEIT
(Vairocana)

SPIEGELGLEICHE
WEISHEIT
(Akṣobhya)

GLEICHMACHENDE
WEISHEIT
(Ratnasambhava)

UNTERSCHEIDENDE
WEISHEIT
INNEREN SCHAUENS
(Amitâbha)

ALLES -
VOLLENDENDE
WEISHEIT
(Amoghasiddhi)

DIAGRAMM DER KEIMSILBE HŪM

Im Christentum steht der „heilige Geist" für die universelle Weisheit. Die meisten Menschen, ob Christen oder Atheisten, werden ihn nicht differenziert erklären können. Ich selbst kenne das Buch von Raniero Cantalamessa, „Komm, Schöpfer Geist" - Betrachtungen zum Hymnus *Veni Creator Spiritus*. Es handelt sich um eine umfangreiche Deutung (435 Seiten) des „heiligen Geistes". Es stellt sich nur die Frage, wer es liest. Der Durchschnittschrist sicher nicht. Ihm dürfte das alles zu lang, zu ausführlich, zu vielschichtig sein. Theologen oder gebildete Laien, die genaueres über den „heiligen Geist" erfahren möchten, werden es studieren.

Es kommt eben darauf an, ob man ein tiefgehendes Bildungsinteresse hat oder nicht. Govinda spricht auf jeden Fall die Menschen an, die an umfassender spiritueller Bildung interessiert sind. Wer dieses Interesse nicht mitbringt, braucht sich im Prinzip gar nicht erst mit Govinda zu befassen, weil es ihm alles zu schwierig sein dürfte oder er es auch einfach nicht versteht. Kant oder Einstein, um zwei Geistesgrößen der westlichen Kultur zu nennen, versteht man auch nur, wenn man über die dafür nötige Intelligenz verfügt.

Ich sage das deshalb, weil im spirituellen Bereich oft so getan wird, als könne jeder alles verstehen. Im Christentum wird ja großen Wert darauf gelegt, alles in ganz einfachen Geschichtchen mitzuteilen. Das ist insofern nicht gut, weil intelligente Menschen mehr brauchen als eine uralte Bibelgeschichte oder eine Parabel vom Senfkorn. Die Welt ist, das hat uns die Wissenschaft bewiesen, komplex, multidimensional und vernetzt und es ist nicht leicht, das alles zu verstehen. Schlimm ist es, dass Dummköpfe oft viel Macht und Einfluss haben. Das Ergebnis kann man am Zustand der Welt ablesen. Es herrscht eben nicht die Weisheit, sondern die große Dummheit. Weil es so extrem chaotisch und desolat in der Welt geworden ist, scheint es mir doch dringend notwendig, sich mehr an echter Weisheit zu orientieren.

Der Buddhismus wie ihn Govinda vertritt hat sich immer für die Entwicklung von Wissen und Weisheit engagiert. Er war nie gegen die Wissenschaften, sondern im Gegenteil dafür. Da haben sich andere Weltreligionen ganz anders verhalten – und tun es weiterhin. Der Buddhismus kann und will sogar mit den Naturwissenschaften zusammenarbeiten, z.B. bei der neurologischen Erforschung des Gehirns und den Wirkungen von Meditation. Es geht also in keinster Weise darum, an irgendetwas zu glauben, das von den Naturwissenschaften als völlig irreal angesehen wird. Der Dalai Lama hat sinngemäß gesagt, dass er seine spirituelle Sicht aufgeben würde, wenn ihm die Wissenschaft beweisen würde, dass sie nicht zu halten sei. Somit sind der Wahrheitsanspruch des Buddhismus und der Naturwissenschaften identisch.

Buddhismus – genauer gesagt der tantrische, tibetische Buddhismus – ist für die Entwicklung von Wissen und Weisheit des einzelnen Bewusstseins und logischerweise dann auch der ganzen Gesellschaft. Eine geistig degenerierte Konsumkultur und Buddhismus passen nicht zusammen. Wer nur auf Spaß und Vergnügen fixiert ist, wird niemals seinen Geist entwickeln wollen. Ganz im Gegenteil, er wird seinen Geist zerstreuen, ablenken und betäuben wollen. Das ist, wenn man so will, das „Böse" für den Buddhisten, nämlich die Dummheit und die Ignoranz. Der Buddhismus eines Govinda plädiert jedoch für eine geistig weiter entwickelte Menschheit.

Zu der Frage, ob Govinda ein deutscher Buddha ist, so würde ich sagen: sicher. Ein Buddha ist in heutiger Zeit ein umfassend Gebildeter, ein vom universellen Geist geprägter Mensch, der seine Erkenntnisse und Weisheiten lebt.

Die Realisation und Vollendung des romantischen Traums

Wenn man Govinda so versteht, als einen *Erleuchteten*, dann kann man sagen, dass er für eine Realisation und Vollendung des romantischen Traums steht. Skeptische Realisten werden das vielleicht ablehnen, aber damit möchte ich mich hier nicht befassen.

Eine Seele, egal ob in einem Individuum oder in einem Volk, hat immer einen Traum, die Idee einer Vollendung, will die Realisation aller Wünsche, Ziele, Ideen und Ideale. Vieles wurde im Laufe der Geschichte abgebrochen, z.B. durch zu frühen Tod wie bei Novalis oder durch Wahnsinn wie bei Hölderlin. Aber immer macht die nächste Generation weiter, wenn sie die hohen Ziele teilt.

Ich nehme ein Beispiel aus dem Bereich der Architektur, weil das jedem einleuchten dürfte und es real sichtbar und erfahrbar ist. Die im neuzehnten Jahrhundert entstandenen Bauwerke wie Neuschwanstein bei Füssen oder Schloss Linderhof zeigen uns die Realisation des romantischen Traumes, so wie die großen Kathedralen des Mittelalters uns die Realisation des transzendenten Traumes zeigen.

Bei Geistesmenschen wie Govinda besteht die Realisation darin, dass sie zum einen ihr Shangrila erforscht haben, in seinem Fall also im alten Tibet, auch wenn dort nicht alles perfekt war. Zum anderen haben sie es durch Bücher, Kunstwerke und ein meditatives Lebens umgesetzt. Mehr Vollendung kann ein Mensch nicht erreichen.

Ein Leben als Gesamtkunstwerk zu gestalten, wie Albrecht Dürer, Johann Wolfgang von Goethe oder Hermann Hesse, ist das Höchste, was ein Mensch erreichen kann. **Die Seele hat sich vollendet.** Man sollte das, aus meiner Sicht, wertschätzen und bewundern, und nicht mit kleingeistigen Kritikpunkten kommen, weil man das Große nicht bewundern kann und will.

Shangrila: ideales Reich des Friedens, der Harmonie und der geistig-spirituellen Erleuchtung.

Auf der Suche nach der deutschen Seele

Wanderung 1 (magische Felsen)

Ich war mal wieder auf einem Waldweg ins Herz der Natur, genauer gesagt, zu magischen Kraftfelsen, die ich mit dem Germanischen, dem Ur-Deutschen verbinde. Sie liegen versteckt im Fichtenwald. Ich wollte wissen, wie es dort zur Zeit aussieht, ob der letzte Dürresommer dort viele Schäden verursacht hat oder nicht.

Auf dem Weg durch den Wald habe ich mir meine Gedanken über das Deutsche, die Seele des Deutschen gemacht. Die deutsche romantische Seele. Wahrscheinlich interessiert mich eigentlich nur die, diese romantische Seele im deutschen Volk.

Während des ersten Teils des Weges bis zu einer Überquerung eines Baches sah ich keine Waldschäden. Wie üblich lagen Baumstämme neben dem Weg. Allerdings nur am Anfang, und auch nicht viele. Ich roch das Harz, das ich immer gerne rieche. Ist das der Geruch der romantischen Seele? Ich hörte den plätschernden Bach. Er führte genug Wasser, obgleich es in den letzten Wochen nicht viel geregnet hatte. Es erfreute meine Seele, das fließende Wasser zu hören. Der plätschernde Waldbach, ist das der Laut der deutschen Seele?

Das blühende Weidenröschen fiel mir auf. Das Johanniskraut. Das Mädesüß. Und natürlich die harztypischen Fingerhüte, die auf einigen Lichtungen sehr zahlreich waren. Die Blume der romantischen Seele?

Weiter oben schaute ich durch den Fichtenwald in östliche Richtung und dachte darüber nach, dass sie alle den Fichtenwald hassen. Sie wollen den Wald des Harzes komplett umgestalten. Gut. Aber was spricht gegen den Fichtenwald? So schlecht oder falsch finde ich ihn nicht. Ich mag den Fichtenwald, besonders dann, wenn er sehr dunkel und geheimnisvoll ist.

Als ich an einer Bergschutzhütte vorbei kam, um die ein elementarer Zaun aus Fichtenzweigen gezogen worden war, fragte ich mich, ob das typisch ist, so eine elementare Holzhütte im Wald. Vielleicht war das in längst vergangenen Zeiten einmal ganz typisch. Eine Holzhütte im Wald.

Einfach und elementar.

Die magischen Felsen sahen aus wie im vergangenen Jahr und im Jahre davor und im Jahre davor. Ich stieg die Eisentreppen hinauf zu dem größeren bzw. größten der Felsen. Blickte über den Wald. Waldschäden und die Walderneuerung hielten sich von hier aus gesehen die Waage. In der Ferne sah ich ein Schloss. Ein romantischer Blick. Das Schloss auf dem Berg in der Ferne. Romantische Sehnsucht. Die romantische Seele sehnt sich immer in die Ferne, ob es nun der nächste Berg ist oder gleich Italien, das ist egal.

Nach den Wanderschildern und der Wanderkarte zu urteilen, gibt es einen großen Felsen mit einem dummen Namen, der mich sowieso nicht interessiert. Tatsächlich ist es eine vielfältige Gruppe von Felsen. Einige davon könnte man germanischen Göttern zuordnen, sofern man sie verehrt oder überhaupt etwas mit ihnen anfangen kann.

Im Wald versteckt befindet sich ein Gästehaus, von dem ich nicht weiß, wer es überhaupt einmal bewohnt. Es erinnerte mich an alte Jugendherbergen. An eine Hütte für irgendwelche Wandervögel. Gibt es sie noch, diese Wandervögel? Mein Vater berichtete davon. Aber er ist schon lange verstorben und seine Zeit schon lange vorbei. „Wandervögel", eigentlich ein schönes deutsches Wort. Die Sprache als Heimat der Seele verstehen. Wandervögel. Fingerhut, Fichtenwald. Weidenröschen. Holzhütte. Man muss die Wörter mehrmals aussprechen, um ihre verborgene Magie zu finden. Waldbach. Waldlichtung.

Das merkwürdige Gästehaus befindet sich auf einer Waldlichtung. Umgeben von Felsen, die sie hier „Klippen" nennen. Ein zentraler Baum war eine alte Birke. Die meisten Bäume des Waldes waren Fichten, aber hier stand eine schöne alte Birke.

Die Leute, die hier übernachten, sind vermutlich nicht spirituell interessiert, dabei könnte ich mir die kleine Anlage als ein buddhistisches Waldkloster vorstellen. Nur, der Buddhismus gilt in Deutschland als fremd und das Christentum, das aus Antiochia und Syrien kommt, gilt als einheimische Religion. So ist das. Das Germanische hingegen ist für viele suspekt oder einfach nur historisch komplett überholt.

Ich fand die Lichtung, das Haus und die Felsen sehr schön, fühlte mich heimisch und dachte an die germanischen Götter.

Wanderung 2 (Grenzwald)

Immer wenn ich durch ein bestimmtes Waldstück im Harz laufe, muss ich an meinen Vater denken, und zwar an den Wehrmachtssoldaten. Sind sie damals in Russland durch einen ähnlichen Wald marschiert?

Was haben sie sich von der damaligen „Weltanschauung" versprochen? Größe, Stärke, Einheit? Ein Reich, ein Volk, ein Führer? Wollten sie Teil eines starken, unbezwingbaren Stammes sein? Teil eines Volkes, in dem es keine Klassen, keine Differenzen, keine Zerrissenheiten und Spaltungen mehr gab? War das nur eine Sehnsucht, nur ein Traum oder schon Teil ihrer Seele?

Als Schüler hatte ich noch Lehrer, die von der vergangenen Zeit und den verlorenen Träumen sprachen. Selbst die kritischen hatten ihre Träume gehabt, und hatten sie nach 1945 teilweise immer noch. Ein starkes Volk zu sein, mit einem großen Führer, das hatte was. Selbst in der Ablehnung spürte man ihre Bewunderung, ihre Faszination.

Die sogenannten 68iger bewunderten Mao und sein totalitäres China, verdrängten jedoch die Realitäten wie die Unterdrückung der Tibeter, was heute leider auch vielen Deutschen ziemlich egal geworden ist.

Viele Jahre später gab es die Anhänger des Dalai Lama oder eines anderen „Führers", dem man sich willig unterwarf und immer aus dem „Häuschen" war, wenn er nach Deutschland kam. Mich hatte das abgestoßen. Ich war zu individuell.

Als Jugendlicher und als Soldat hatte mein Vater es oft genug gehört: ein Reich, ein Volk, ein Führer. Die Magie des Schlachtrufes hatte ihre Wirkung. Er und andere Soldatenväter träumten es nach 1945 weiter, anders, sicher, aber im Inneren träumten sie von einem großartigen Deutschland. Wer einmal „Sieg Heil" gerufen hat, der wird dies Mantra politischer Power wohl nie mehr los.

Auf diesem Grenzwaldweg fällt es mir immer wieder ein. Ich sehe meinen Vater in Stiefeln und in Uniform, und „Sieg Heil!" rufen. Ein kritischer Geist schafft keine Stärke. Er zweifelt und zaudert, er zögert und wartet ab. Er hinterfragt und bleibt beim Zweifel und der Skepsis stehen. Man wollte das damals nicht, sondern genau das Gegenteil, und schoss dann buchstäblich übers Ziel hinaus. Wie so oft in der Geschichte der Menschheit.

Mein Vater hat sich nach 1945 bis zu seinem Tode mit dem Irrweg beschäftigt. Mit der Frage, wann genau es falsch wurde, wann genau es übertrieben wurde, wann genau es zu scheitern begann. Mit der Frage, warum eine Idee so sehr in eine destruktive Richtung gehen konnte. Der Kommunismus war an sich eine gute Idee, aber die Realitäten in der Sowjetunion waren grauenhaft. Dieser extreme Gegensatz zwischen einer Idee und der Realität! Ein Lebensthema meines Vaters. Auch im Bereich der Religion hatte man den Kontrast, den Widerspruch. Es passt einfach nicht zusammen, von Liebe zu reden und dann Leute zu verbrennen.

Schon eigenartig, dass mir das immer wieder auf diesem Weg durch den dunklen Fichtenwald in der Nähe der ehemaligen Zonengrenze einfällt.

Verletzte Seelen beschäftigen sich immer wieder mit der Verletzung. Mit der Wunde ihres Lebens. Es gibt keine Therapie. Loslassen, transformieren, das bleibt meistens nur ein Versuch, ein Bemühen. Für meinen Vater war der ganze Wahnsinn bis zu seinem Tod nicht zu fassen, trotz aller Studien, aller Bücher – und damals gab es noch kein youtube, sondern eben nur die Bücher.

Die Frage bleibt bestehen: War es nur eine Ideologie, nur ein Traum, nur Manipulation der Massen, wie es Soziologen meist sehen, oder war es ein verborgener Teil der germanischen Ur-Seele, der ans Licht wollte, der vehement sein Recht forderte, seine eruptive Entfesselung, damals? Ein Phänomen wie bei einem Vulkan, der lange, sehr lange schlafen kann, und dann plötzlich ausbricht und die Landschaft verwüstet?

Wanderung 3 (Eckerstausee)

Auf dem Weg zum Eckerstausee. Ein künstlicher See, der ganz natürlich wirkt, nordisch, norwegisch geradezu. Ein Fjord im Harz.

Auf der Staumauer dachte ich wieder an die Zeit, die heute nur als böse und dunkel gilt. BETON. Seltsam, dieser Beton. Er erinnert an so vieles. An Bunker. An Bunker an den Küsten. Atlantikwall.

Oder ans Hauptquartier in Ostpreußen. Man konnte es nicht richtig kaputt sprengen. Nun liegen die Trümmer im ostpreußischen Wald. Schon eigenartig symbolisch, dass sie es nicht richtig kaputt bekommen haben.

Der Beton der Römer soll ja sehr hart gewesen sein. Hält bis heute. Ob die Mauer des Eckerstausees auch so lange halten wird? Damals ein großartiges Bauwerk. Ein Werk des deutschen Geistes der Baukunst? Heute bekommen sie nichts mehr richtig fertig, rechtzeitig schon gar nicht, die Kosten können sie auch nicht mehr berechnen. Alles wird immer nur viel, viel teurer als gedacht. Ein deutscher Geist, der sich ständig irrt?

Heute dachte ich, dass das Wort „deutsch" sich vor allem auf die Sprache bezieht. Nicht auf die Mentalität, den Geist oder gar die Seele. Die deutsche Sprache als Gemeinsamkeit der Menschen von Südtirol bis nach Flensburg. Aber sonst sind sie sehr unterschiedlich. Ihre Religion und ihre Heimatverbundenheit sind sehr unterschiedlich. Ihre Musik, und vieles mehr.

Im Grunde ist die „deutsche" Sprache abstrakt, denn die Bayern oder die Friesen, die Schwaben oder die Schlesier, sie hatten alle ihre eigene Sprache. Ich verstehe die Schwaben nicht, wenn sie schwäbisch sprechen. Oder die Schweitzer, die verstehe ich auch nicht.

Was ist der graue Beton der Eckerstauseemauer? Ist das deutscher Beton? Ist meine Frage absurd?

Wanderung 4 (Flusstal)

Auf dem Weg durch ein dunkles Tal, durch welches ein reger Bach floss, der einen weiblichen Namen trug (genaue Ortsangaben könnte ich machen, aber das würde leicht zu einer Einengung der Phantasie führen), schaute ich nach Elementen, die für die Romantik und für die deutsche Seele stehen konnten. Ich fand eine Menge. Ich konnte einige schöne Fotos machen, von dem Bach, den Bäumen, von Zwergenwohnungen und seltsamen Dingen am Wegesrand. Die Skulptur eines toten Baumstammes. Das Gesicht am Fuß einer Fichte. Schlangenartig verdrehte Wurzeln. Eine Art kleiner Geisterfichte, die auf einem großen Felsen im Bach wuchs.

Als ich mich fragte, was diese Landschaft mit der Bibel zu tun habe, war die Antwort eindeutig: gar nichts. Die Landschaft hat etwas mit mir, mit uns zu tun. Das Bibel-Buch ist nicht unser Buch. In den letzten Jahren ist es mir immer mehr zuwider geworden, dass uns Deutschen dieses Buch dauernd als **das** Buch vor die Nase gehalten wird, obgleich sich darin rein gar nichts findet, was uns, was unser Wesen, was unsere Seele ausmacht. Rein gar nichts!

Da ich mich gerade mit Grimms Märchen beschäftigte, dachte ich, dass das unsere „Bibel" sein könnte. Unser Buch, unser Schatz. Das mögen manche sofort lächerlich finden. Klar. Aber hier in diesem Wald, an diesem rauschenden Bach, wo ich schon vor Jahren dachte, dass es ein Hänsel-und-Gretel-Wald sei, und das ist kein zynischer Witz, liegt mein Gedanke nahe.

Ingo Stock hat ein Buch geschrieben: **Auf den Spuren von Grimms Märchen**: 30 mystische Pfade am Hohen Meißner und im unteren Werratal. Ich hatte mal den Teich der Frau Holle besucht.

Was ist die deutsche Seele? Mancher Deutscher wird die Frage nicht mögen. Was ist die jüdische Seele? Diese Frage wird mancher vielleicht mögen, interessant finden, hochinteressant, und nach einer Erklärung suchen wollen.

Noch nennt sich dieses Land DEUTSCHLAND, obgleich es längst BUNTLAND geworden ist. Ein kunterbuntes Land. Aber bunt ist nichts, hat keinen Charakter, hat keinen Stil, ist eben nur bunt, so bunt, wie manche sogenannte Künstler, die alle Farben verwenden, wild und bunt durcheinander. Das hat auch keinen Stil. Rizzi ist so einer.

Stil und Sinn entsteht durch Beschränkung. Durch Abgrenzung und auch durch Ausgrenzung, was ein BUNTER nicht mag, denn er will alles auf einmal gleichzeitig durcheinander. Was stimmt da nicht? Ist das eine Krankheit, und wenn ja, welche?

Die Illustrationen von Ludwig Richter und Otto Ubbelohde zu Grimms Märchen sind nicht bunt, sie haben Stil und Charakter. Sie lassen den Gedanken freien Raum.

Der Wald an diesem Bach ist nicht bunt. Grüntöne, Brauntöne. Die Farben ergeben eine natürliche Harmonie. Das Auge hat Ruhe, und damit auch die Gedanken. Nietzsche nannte die Stadt „die bunte Kuh". Eine bunte Kuh ist ein Unding, ein dummes Ding, ein krankes Ding. Weg mit der bunten Kuh! Weg mit der Pop-Kuh!

Ich sah einige schöne, braun-weiße Kühe auf einer Weide. Sie hatten sogar Hörner. Wie schön das war! Dann sah ich bei einem Waldhotel ein paar graue Esel mit schwarzer Fellzeichnung. Das ist natürlich und schön. So muss es sein, natürlich und schön.

Dieses wilde Tal ist ein Tal der Naturgeister. Als ich vor vielen Jahren das erste Mal hier war, hatte ich es sofort gespürt. Es ist in der Hinsicht ein sehr reiches Tal, sehr märchenhaft. Zauberhaft. Magisch. Es berührt und erfüllt die Seele, die heimatliche Seele, die deutsche Seele, die mit Erde und Steinen und Wasser und Bäumen verbundene Seele.

Die vielen Dinge, die ich sehe, haben keinen Namen, auch wenn Biologen und Geologen für alle einen Begriff haben. Aber die Art eines Farnkrautes ist das eine, wie es jedoch auf mein Herz, mein Gemüt wirkt, das ist etwas ganz anderes. Da gibt es meistens kein richtiges Wort. Es kommt halt auf die Herzens-Verbindung an, die Seelen-Verbindung.

Such dir dein Märchental, lieber Leser. Es gibt genug in Deutschland.

Wanderung 5 (Wilseder Berg)

Um zehn Uhr war es noch leer, eine halbe Stunde später kamen immer mehr Menschen zum Wilseder Berg. Sie kamen mir teilweise wie *Pilger* vor. Was suchen sie auf dem Berg, der man gerade 169,2 Meter hoch ist, wie ich auf dem Stein lesen kann?

Ich besuche immer die Buche auf der Westseite, die für mich hier der heilige Baum ist. Was suchen die anderen? Wissen sie es, oder ist es unbewusst? Suchen sie nur den Blick über die Landschaft, der einem das Gefühl vermitteln kann, die Welt wäre schön und sauber, wäre harmonisch und in Ordnung, obgleich man ja weiß, dass sie es nicht ist?

Auf dem Foto sieht man den Blick Richtung Süden. Man sieht nur Natur. Vielleicht ist es das, man möchte einmal nur Natur sehen, und sonst nichts. Man möchte einmal nur Heidelandschaft sehen.

Zur Zeit der Heideblüten hat man dazu die Lilatöne. Sie sprechen das Herz und die Seele an. Intellektuelle Kritiker kommen vielleicht mit dem Begriff „Kitsch", aber es ist alles ganz natürlich und hat somit nichts mit „Kitsch" zu tun. Wer so denkt, zeigt nur sein gestörtes Verhältnis zur Natur. Ich sehe eher ältere Menschen, jenseits der 70, eher einfache. Vielleicht brauchen sie auch mehr die Harmonie und die Ordnung.

Ist das nun deutsch, nord-deutsch? Man kann es so empfinden. Man kann zu sich selbst sagen: das ist unsere wunderschöne, deutsche Heide. Dies ist das Herzstück, das Zentrum.

Wenn es eine deutsche Naturreligion gäbe, die allgemein anerkannt und vertreten würde, dann wäre hier ein bewusster Pilgerort. So bleibt es für die meisten nur auf unbewusster Ebene einer.

Der Wilseder Berg und der Brocken sind vielleicht die zwei wichtigsten Pilgerorte in Niedersachsen. Heidnische Pilgerorte, um das noch einmal zu betonen.

Blick vom Wilseder Berg Richtung Süden

Wanderung 6 (Uhlenkopf)

Während ich zu einem magischen Berg im Nordteil des Harzes wanderte, dachte ich über diese „Männlein" im Walde nach. Wer sind sie, diese „Männlein", die in den Märchen auftauchen?

Kleine Naturwesen? Zwerge? Und was sind Zwerge?

Oder menschliche Wesen, die im Walde leben, und die klein sind, unscheinbar, unspektakulär, das Gegenteil von den mächtigen Herren, die in den Burgen hausen?

Wenn wir an die Märchen denken, dann fallen sie uns ein, die anderen Wesen, die Hexen, die Zwerge, die Wichte, die Männlein, und das Rumpelstilzchen.

Wir haben kein System, an das wir uns halten könnten. Wir müssen etwas Neues entwickeln? Nur wie?

Rechts vom Wege sehe ich immer einen alten Baumstamm. Es war einmal eine Buche. Jetzt sieht der Rest, der vielleicht 4 Meter hoch sein mag, sehr seltsam aus, unheimlich, wie ein Mahner des Zerfalls. Kein Zwerg, denke ich. Unter großen Baumwurzeln, wenn man die Erde, das Gestein sehen kann, dann spürt man etwas. Es fehlen neue Wörter. Eigene Wörter, deutsche Wörter. Von den „spirits" mag ich nicht reden, denn dies ist ein deutscher Wald. Soll ich von den Waldwesen sprechen?

Bei den Pflanzen oder dem Gestein ist die Sache eher klar. Ich kenne das Farnkraut, diesen oder jenen Pilz, das Gestein. Aber es geht nicht um Klassifizierungen. Es geht um das, was das Gemüt berührt. Gemüt ist vielleicht schon ein altertümliches Wort geworden. Gemüt – versteht man das noch?

Oben auf der Passhöhe, wo es eine Wegkreuzung gibt, sterben die Fichten. Viel mehr braune Bäume als vor einem halben Jahr! Manche Ökofanatiker hassen die Fichten. Wie kann man diese Bäume hassen? Es sind schöne, starke Bäume. Warum können sie sich nicht wehren, warum sterben sie? Ist es nur die unerträgliche Wärme und Trockenheit? Ein dunkler Fichtenwald hat etwas Magisches. Dunkle, deutsche Waldmagie. Ich finde das schön. Vielleicht sterben die Fichten an mangelnder Liebe. Es liebt sie keiner mehr!

Die vielen, meist jungen Birken, an denen ich vorbeilaufe, finde ich auch schön, wenn auch nicht so magisch-geheimnisvoll.

Oben auf dem Berge finde ich das schwarze Basaltgestein. Tief aus der Erde scheint es zu kommen. In vielen, versteckten Ecken wohnen sie, die Zwerge, die Männlein und sicher auch die Weiblein.

Auf jeden Fall ist und bleibt es natur-belassene Wildnis, die nahezu niemand besucht. Nur die Waldläufer kommen hier her. Ich war schon immer einer von den Waldläufern. Die Menschenwelt wird mir immer fremder. Es zieht mich mehr in diese Welt der Naturwesen. Ich könnte mich verwandeln und hier bleiben. Aber die Kunst der Verzauberung beherrsche ich nicht. Sich selbst verzaubern, weil man die Menschenwelt nicht mehr mag und will, kann man das?

In Märchen ist oft von bösen Verzauberungen die Rede. Das Gute ist dann immer die Erlösung von der bösen Verwandlung. War sie immer böse? Oder sind die Märchentexte bereits Verfälschungen für eine Propaganda, dass nur die Menschenwelt eine gute Welt ist und der dunkle Wald der Ort des Bösen?

Wanderung 7 (Kattnäse)

Während der Wanderung zur Kattnäse dachte ich an die Wahlergebnisse in Sachsen und in Brandenburg (1.9.19). Denkwürdiges Datum. Aber eine Wende ist das nicht. Mich interessiert die Politik bzw. die Politiker auch nicht mehr. Denen ist der Wald im Grunde egal. Die sind dort auch nie. Sie lieben nicht die Natur und werden es auch nie. Sie mögen ja teilweise von „Deutschland" reden, aber damit meinen sie nicht den Wald, nicht die Natur, nicht die besondere Natur in dieser Harz-Region. Sie kennen keine Kattnäse und keinen anderen „heiligen" Berg.

Die Bäume sterben, nicht alle, aber es sind zu viele, vor allem zu viele Fichten. Wer den Tod sieht, kann nur traurig sein. Trauer ist bei nahezu allen so verboten wie Wut oder Zorn. Ich nehme kein „Soma" (vgl. Huxley), und so bin ich denn traurig. Morgens sah ich einen toten Hasen und ein totes Reh. Ob die Hasen überleben können, bei den vielen totgefahrenen, zerfetzten und dann plattgefahrenen Hasen, die ich in einem Jahr sehe?

In letzter Zeit denke ich immer mehr, dass das Adjektiv „deutsch" nur was über die Sprache und den politischen Raum sagt. Aber nichts über das, was mir lieb und teuer ist.

Oben auf der Kattnäse habe ich Wodanaz gebeten, uns doch endlich Regen zu senden. Aber meine Bitte ist ein hilfloser Versuch. Wir vermögen nichts. Wir können keinen Regen machen. Kein Schamane kann es und wer es doch behauptet, leidet an Hybris.

Eine noch lebende größere Fichte soll Wodanaz am Leben erhalten. Viele sind auf der Westseite des Gipfels bereits tot. Auf der dunklen Ostseite sieht es noch ganz grün aus. Wie lange aber noch? Kommt nicht bald viel Regen, wird immer mehr absterben.

Auf der Ostseite der Gipfelfelsen fand ich eine verborgene Stelle, wo ich eine Figur verstecken könnte. Vielleicht meinen Chenresig aus Kupfer. Mal schauen. Wir sind hier allerdings nicht in Tibet, in Deutschland wird alles echt Spirituelle mit Füßen getreten.

Die politischen Parteien haben alle die schönen Farben missbraucht. Was haben die Grünen noch mit dem Tannengrün zu tun? Was hat die

AfD mit dem Blau der Wegwarte oder dem Himmelsblau zu tun?

Für den Regen habe ich einen dunkelblauen Stoffstreifen gewählt und beim Steinriesen an einer Fichte hinterlassen. Für das Überleben der großen Fichte habe ich einen roten Stoffstreifen genommen und an einen der unteren Zweige der Fichte gehängt.

Die kleinen Fichten habe ich auf meinem Weg gesegnet. Sie müssen den Wald erhalten. Groß und stark werden, den neuen Wald bauen. Das wird dauern. Mein Tod ist nah, verglichen mit dem erneuerten Wald. Das ist sehr traurig.

Wanderung, Wandertour 8 (Altmark)

Habe nach langer Zeit wieder einmal ein paar Großsteingräber in der Altmark besucht. Eine ziemlich abseitige, vergessene Gegend. Habe auch keinen Menschen gesehen.

Das Großsteingrab in Bierstedt war ausgeschildert und gut zu erreichen. Hier musste ich an die gestohlenen Steine denken. Es ist nur ein Deckstein vorhanden. Ich habe drei Stoffstreifen hinterlassen.

Das Großsteingrab in Stöckheim war nicht mehr ausgeschildert. Das Schild, das dort mal stand, ist fort. Warum? Die Anlage selbst war in bestem Zustand.

Ein schönes Grab in einem kleinen Eichenhain. Sehr schön gelegen.

Das Großsteingrab neben der Straße nach Lüdelsen auf einem kleinen Hügel sah aus wie bisher. An der großen, halb gestorbenen Eiche hingen noch alte, ausgeblichene Stoffstreifen von mir. Drei neue hinterlassen.

Das Großsteingrab im Walde vor der Ortschaft Lüdelsen, das man „Königsgrab" nennt, sah ebenfalls in Ordnung aus. Nur einige Bäume hatte man gefällt. Vermutlich sind sie wegen der Dürre eingegangen. Überhaupt, der Boden war überall sehr, sehr trocken.

Das Großsteingrab bei Gladdenstedt (bzw. Nettgau) musste ich wieder über ein Feld erreichen. Die Zuckerrüben waren klein, halb vertrocknet. Das wird wohl nichts mehr in diesem Jahr. Südlich von der Anlage steht eine Spanplattenfabrik. Der Schornstein rauchte. Weißer Rauch wehte über den Wald.

Mir fielen die vielen toten Äste auf. Machte ein paar Fotos. Das bleibt übrig: tote Äste, tote Knochen. Die ausgeblichenen Reste.

Ein paar Selfies gemacht. Wolf im Wind der Zeiten. An die große Eiche drei Stoffstreifen gehängt, rot, blau und weiß.

Die Leute in der Gegend interessieren sich nicht für die Vorzeit. Ist ihnen egal. Besucher der Stätten scheint es nicht zu geben, außer mir. Der Bezug zur Vorzeit ist den Menschen in diesem Land schon lange verloren gegangen. Wenn es eine Sensation ist, dann wird was gemacht, wie bei den Anlagen in Pömmelte oder Goseck (Fotos sind im Netz zu finden). Es ist und bleibt aber eine leblose und geistlose Rekonstruktion. Bringt das was? Sonnenobservatorium, das kann man nachvollziehen. Ahnenkult im Walde wohl nicht, d.h. damals gab es nur Tundra, trotzdem, Ahnenverehrung ist den Menschen fremd geworden.

Tritt das Erbe der Väter und Mütter mit Füßen, oder wirf es gleich in den Restmüllcontainer – so scheint man zu denken. Dann bleiben nicht mal Äste wie bei den Bäumen, dann bleibt nur Rauch aus der Müllverbrennungsanlage, also nichts, gar nichts.

Wanderung 9 (Elfenstein)

Ich bin wieder einmal zu dem Elfenstein gewandert. Schon vor Monaten musste ich feststellen, dass oben sehr viele Fichten gefällt worden waren. Auch im hinteren Teil der Felsenkette, wo normalerweise kaum jemand hinkommt, weil es nicht der normale Wanderweg ist.

Überall lagen Haufen von Fichtenzweigen und Fichtenäste herum. Man wirft das, was man nicht gebrauchen kann, einfach links und rechts neben den Forstfahrweg. Man geht weder achtsam mit dem Wald um noch macht sich jemand die Mühe des „Aufräumens". Ist das die deutsche Rücksichtslosigkeit?

Sieht so die Liebe zum Wald aus?

Lieben die Deutschen wirklich ihren Wald?

Gestern sah ich einen Film über Albrecht Dürer, an den ich während meiner Wanderung denken musste. Wer kennt schon Dürer genau? Wer ist sich in Deutschland seiner Größe, seines Genies bewusst? Ist Dürer auch einer der deutschen Giganten, hier aus dem Bereich der Kunst, die man eher vergessen hat?

Seine apokalyptischen Reiter. Damals waren es Reiter, die über das Volk hinweg ritten, buchstäblich und rücksichtslos. Heute sitzen sie im gepanzerten SUV oder in ihrem Privat-Jet und donnern über die Menschen und die Erde hinweg, die sie verachten. Sowohl die Menschen als auch die Erde verachten sie, benutzen sie nur, beuten sie aus, missbrauchen sie wie unschuldige kleine Mädchen.

Wenn man wie ich selbst Kunst macht, dann weiß man noch mehr, welches große Talent Albrecht Dürer besaß und was für phänomenale Holzdrucke er uns hinterlassen hat. Das kann heute keiner mehr! Die Mühe macht sich keiner mehr! Wer hätte heutzutage auch die Geduld für so genaue, präzise Arbeiten?

Der verwüstete Wald ist für mich **die Apokalypse**. Ich brauche keine weitere. Man hätte alles behutsam machen können, aber nein, man geht brutal vor und haut das Holz aus dem Wald. Man benutzt die riesigen Panzerfahrzeuge (die sogenannten Harvester) und lässt die breiten Reifenspuren zurück. Seit Monaten sehe ich überall im Harz riesige Berge von Fichtenholz neben den Forstfahrwegen. Was geschieht damit? Wer kauft das alles? China?

Als ich zurück ging, kreuzte ein Salamander meinen Weg. Ein merkwürdiges Tier, wie aus einer anderen Zeit, einer anderen Welt, die wir nicht kennen oder längst vergessen haben, aber ein schönes Tier, das auch nur sein kleines Leben schützen und bewahren möchte. Ich wartete, bis er die andere Seite erreicht hatte und wünschte ihm Glück.

Denken Waldarbeiter an den Salamander, wenn sie die Fichten fällen? Denken sie an andere kleine Wesen? Denken sie an die Zwerge und Elfen? Hatten sie am *Elfenstein*, und die Felsengruppe heißt ja ganz offiziell so, wie man auf den Schildern und einem Stein lesen kann, hatten sie an die Elfen gedacht, als sie die Fichten auf der Südseite der Felsenkette gefällt hatten und mit ihrem Holzvollernter, wie der Panzer im Deutschen heißt, ihren Fahrweg durch den Wald gruben?

Wanderung 10 (irgendwo)

Manche Wanderungen scheitern.

Man steht dann mitten in einem feuchten und nebligen Wald, und weiß nicht, wohin man gehen soll.

Ein Freund schrieb mir von einem Wald, den man in großem Maß abholzt, um Windräder aufzustellen, weil man ökologisch sein will. Der VW-Konzern darf wieder sein Testgelände erweitern, weil es die Umwelt nicht groß beeinträchtigen würde: es würden nur 10 Hektar Wald abgeholzt werden.

Ich höre die Autos, die alle in den Hochharz fahren, obgleich das Wetter nicht gut ist. Alle wollen was erleben, unbedingt. Ich kann sie verstehen, trotzdem ist es falsch.

Ich gehe einen feuchten Waldweg hinunter zu einem rauschenden Bach. Rauschendes Wasser, das hatte ich schon länger nicht mehr gehört. Der Bach, den ich betrachte, führt viel und schnell hinunter fließendes Wasser. *Das geht alles den Bach runter.* Jeder kennt die Floskel.

Die ganze Zivilisation, die ganze ÜBER-Zivilisation geht den Bach runter. Das ist gut! Weg mit ihr!

Im Fernsehen zeigen sie immer wieder Filme über verschwundene Zivilisationen. Nicht nur in Ägypten. Nordamerika. Mittelamerika. Ich sehe das gerne und freue mich über das *Verschwinden*.

Das rauschende Wasser finde ich großartig. Das kann keiner aufhalten.

Ich betrachte einen Fliegenpilz. Man hatte ihn in Ruhe gelassen. Oft werden sie mutwillig kaputt gemacht. Warum? Aber jeder hat den bösen Geist der Zerstörung in sich. Tötet Fliegen oder Spinnen.

Die toten Fichten im Harz betrüben meine Seele, verdunkeln sie. Wohin soll ich noch wandern, wohin soll ich noch gehen? Die vielen toten Stämme. Die vielen herumliegenden Zweige. Alles braun. Alles bleich. Alles tot.

Feuer und Wasser bringen das Ende. **Ragnarök**. Ende der falschen Götter der Zivilisation. Der großkotzige Gott der Gier. Der Thor der Technik. Die dreiste Dummheit. Die unersättliche Sucht. Und wie sie alle heißen mögen.

Wolf-Dieter Storl nennt sein neues Buch: Wir sind Geschöpfe des Waldes. Nein, ich möchte ihm widersprechen. Wir sind Geschöpfe von bösen Göttern der Gier und der Unersättlichkeit.

Die letzten Amazonasindianer mögen Geschöpfe des Waldes sein. Wir nicht. Der Deutsche liebt nicht den Wald, er liebt sein großes Auto und die Autobahn.

Es müsste alles mal zu einem Stillstand kommen. Wird es aber nicht. Nach der Expansion in die Höhe geht es rauschend den Bach hinab. Der Teufel lacht sich schlapp über die Dummheit der Menschen. Er hat seinen Spaß. Die fühlenden Wesen, nicht nur die fühlenden Menschen, nein, alle, sie sind voller Trauer und Schmerz.

Wenn man es nicht glaubt, kann man einmal neben einer Landstraße entlang gehen, bis man auf ein totes Tier trifft, z.B. einen Marder oder einen Hasen, und es länger betrachten. Meditation über den sinnlosen Tod. Lange hält man das nicht aus. Noch nach Jahren habe ich Bilder von toten Tieren abgespeichert.

Ein besonders krasses: ein toter Fuchs. Und das an einem sehr frühen Morgen, nachdem ich ein Sonnenaufgangsritual auf einem Berg gemacht hatte. Da war das Ritual und der Tag verdorben. Man könnte dann schreien, aber die Kehle bleibt einem zugeschnürt.

Ich halte nichts mehr von der Welt.

Lasst sie untergehen. Gebt ihr noch einen Tritt, wie Friedrich Nietzsche gesagt hätte. Gebt dem Fallenden noch einen Tritt, damit es schneller fällt und schneller weg ist. Er hatte das Falsche verstanden, die Viel-zu-vielen und den nihilistischen Kern der sogenannten Kultur. Auch die Bunte Kuh, die hatte er schon verstanden, und das schon ca. 1884. Lange ist das her.

Wohin soll man noch?

Wanderung 11 (Jermerstein)

Ich laufe durch ein geheimnisvolles Waldstück, mitten im Harz, nahezu im Zentrum. Es wird nicht viel besucht, denn es ist nicht spektakulär.

Hier muss man den magischen Wald studieren. Das Magische einatmen. Es zeigt sich in den mit dunkelgrünem, saftgrünem Moos bewachsenen Steinen, in den rot leuchtenden Fliegenpilzen unter den dunklen Fichten, die hier noch dunkel sind, noch nicht abgestorben wie in vielen Teilen des Gebirges.

Es zeigt sich in den von verschiedenen Pflanzen besiedelten uralten Baumstümpfen früherer Bäume.

Ich hatte sie mal „Hexenstühle" getauft.

Wenn man das Wort verwendet, muss man bei uns gleich dazu sagen, dass man es positiv versteht. Hagazussa. Die Zaunreiterin. Menschen, die den wilden Wald lieben, den ursprünglichen, den Ur-Wald, den deutschen Ur-Wald. Denn dieses Gebiet hier ist eine Art von Ur-Wald.

Hier fühlt sich die deutsche, romantische Wald-Seele zuhause.

Mancher, so kann ich mir vorstellen, wird nur den Zerfall sehen, das Morbide. Er wird hier nicht verweilen wollen. Aber gerade das sollte man: verweilen. Der Verfall ist Teil der Natur.

Ich bleibe immer wieder stehen.

Meine Wanderung ist eine sehr entschleunigte, sehr langsam. Zeitlupentempo. Ich muss und will ja auch nirgends hin, wie bei einer Brockenwanderung, wo man immer ans Ziel denkt. Hier gibt es das definitiv nicht. Kein Ziel. Oder anders: das Ziel ist überall, direkt vor den Füßen. Man ist hier mitten drin im Ziel.

Da es endlich geregnet hat, da es endlich feucht ist, mag man gerne länger an einer Stelle stehen. Nach links und nach rechts schauen, sich umdrehen. Einen Felsen betrachten. Das Moos. Die Farnkräuter. Die Fliegenpilze. So viele wie in diesem Jahr (2019) habe ich hier noch nie gesehen.

Der Fliegenpilz ist ein magischer Pilz. Aber ich mache nichts mit „Drogen" und finde die Pilze unter den Fichten einfach nur sehr schön und irgendwie inspirierend, auch wenn ich das nicht genau erklären kann. Eigentlich auch nicht will.

In der dicken Enzyklopädie der psychoaktiven Pflanzen von Christian Rätsch stehen mehrere Seiten über den Fliegenpilz. Ich weiß nicht, wer das praktisch umsetzt. Ich weiß nicht, wie sehr der Fliegenpilz heute in Deutschland oder im fernen Sibirien verwendet wird. Ich weiß auch nicht, welche Rolle er bei den Germanen spielte. Hier zwei Quellen:

Die Germanen glaubten, Fliegenpilze würden überall dort wachsen, wo Schaum aus dem Maul von Wotans Pferd auf die Erde getropft sei. Wotan war nicht nur der Toten- und Kriegsgott, sondern auch der Gott der Ekstase. Da der Fliegenpilz die Aggressivität steigern kann, soll er für die berühmt-berüchtigten Wutausbrüche der Berserker verantwortlich gewesen sein.

Quelle:
https://www.planet-wissen.de/gesellschaft/lebensmittel/gift_und_speisepilze/pwiederfliegenpilz100.html)

Natürlich verdankt der Fliegenpilz seine Verehrung seinen Inhaltsstoffen, die psychoaktive Wirkungen haben: Optische Halluzinationen, wie zu- und abnehmende Größenveränderung betrachteter Objekte oder Personen (auch der eigenen), sinnliche Wahrnehmungsverstärkungen und –veränderungen akustischer Reize, (schnell) wechselnde Schlaf-Wach-Phasen, Delirium, Visionen, Synästhesien,.... So war und ist der Fliegenpilz auch Hauptzutat von Hexen-Flugsalben. Das Gefühl des Fliegens wird dabei sehr häufig berichtet. Ob der Name „Fliegenpilz" davon abgeleitet ist, ist noch umstritten.

Auch der Weihnachtsmann, der mit Odin/Wotan mythologisch stark verwandt ist, verdankt vermutlich seine Farben dem Fliegenpilz. Ursprünglich war der Weihnachtsmann nicht rot und weiß. Die große Wichtigkeit des Fliegenpilzes mit seiner rot-weißen Färbung in der schamanischen Tradition übertrug diese Farben auch auf die mythologische Gestalt. Später präsentierte die Firma Coca Cola diese Farben und popularisierte die Farben, die heute allgemein als die Farben des Weihnachtsmannkostüms akzeptiert werden.

Wie oben beschrieben, wurden in den schamanischen Traditionen Rentiere als Transmitter der halluzinogenen Stoffe des Fliegenpilzes genutzt. Wundert es da, wenn der Schlitten des Weihnachtsmanns von Rentieren gezogen wird?

Auch in anderer Hinsicht hat sich der Fliegenpilz fest in unseren Mythen und

Bräuchen verankert: Zwerge hausen im Wald und schlüpfen gerne unter Fliegenpilze. Weil dem seit Jahrtausenden so ist, tragen die unter Menschen weilenden Gartenzwerge dem Fliegenpilz zu Ehren rote Zipfelmützen. Als Glückspilz prangt er auf tausenden Geburtstagskarten.

Quelle:

https://www.inana.info/blog/2014/12/23/unsere-pflanzengeister-der-fliegenpilz.html

Stellt sich nur die Frage, ob einen das weiterhilft oder nicht. Kann und wird der Fliegenpilz eine Rolle in unserer zukünftigen Kultur spielen? Ich denke nicht.

Wanderung 12 (Walpurgishalle)

Auf dem Hexentanzplatz steht die Walpurgishalle. Ein schöner, hölzerner Tempel der Kunst. Dort hängen Gemälde des Malers Hermann Hendrich (Der Gott Donar, siehe unten), der heute vielen nicht bekannt sein dürfte. Die Themen seiner Gemälde, die deutsche, germanische Mythologie und die Sagen sind heute kein wichtiges Thema mehr.

Als Hendrich seine Bilder malte, ging es noch um den Aufbau einer deutschen Nation, der Entwicklung und Stärkung eines deutschen Volkes. Wen interessiert das heute?

Das kleine Kunstmuseum auf dem Berg oberhalb von Thale, dem Hexentanzplatz, sieht aus wie ein germanischer Tempel. Gut, dass sich das Bauwerk erhalten hat und vor einigen Jahren sogar restauriert worden ist. Im Inneren kann man einige monumentale Gemälde sehen, die Szenen aus Goethes Faust darstellen: *Gretchens Erscheinung, die Windsbraut, Hexentanz, Mammonshöhle und Irrlichtertanz.* Die Gemälde sind recht dunkel. Es sind natürlich nächtliche Szenen. Die wilde germanische Nacht. Die dunkle Seite der Welt.

In dem Nebenraum sind eine Reihe von kleineren Gemälden des Künstlers zu sehen. Vor einigen Jahren gab es hier noch wechselnde Ausstellungen. Heute ist das Gebäude ganz dem Künstler Hendrich gewidmet.

Die Malweise von Hendrich ist elementar. Feinheiten und Genauigkeiten sind nicht sein Ding. Er malt archaisch, mit viel Farbe auf der Leinwand, die er ineinander verschmiert. Vieles bleibt vage, unbestimmt, träumerisch, visionär, neblig, mystisch, geheimnisvoll, unheimlich, in Dunkelheit oder im Licht verschwindend. Wer präzise Malerei sucht, ist hier falsch. Hendrich wird als „spätromantischer" Maler bezeichnet. Aber was heißt das? Was heißt das vor allem heute noch?

Malerische Beschwörungskunst einer mythischen Vergangenheit der nordischen Kultur – vielleicht könnte man seine Kunst so nennen.

Heutige Besucher werfen in der Walpurgishalle einen Blick in eine ferne und sicher fremde Zeit. Man kann alte Zeiten nicht zurückrufen, es bleibt Theater, und versucht man es politisch, dann endet es in einer Katastrophe.

Wer Malerei ohne klaren Inhalt will, der ist hier ebenso falsch. Reine Kunst war nicht sein Ziel. Hendrich wollte die Welt der germanischen Spiritualität zum Ausdruck bringen. Wer diese ablehnt, wird auch seine Kunst ablehnen. Vermutlich ist er allein deshalb für Kunsthistoriker kein Großer. Hingegen für Freunde der deutschen Kultur umso mehr.

Die Walpurgishalle auf dem Hexentanzplatz bei Thale

154

Der Donnergott (Schneegrube)

Außen am Gebäude ist der Kopf Odins zu sehen. Der zentrale Gott der Germanen, der kraftvolle, urwüchsige Naturgott des wilden, freien Volkes.

Bei meinem Besuch sah ich eine Frau, die als Hexe verkleidet einige Leute herumführte und ihnen die germanische Religion in Kurzform erklärte. Odin bzw. Wodan sei in uns, meinte sie, es seien elementare Kräfte der Natur. Das betreffe auch Donar bzw. Thor, Loki und die anderen. Sie versuchte das ursprünglich ganz Natürliche zu vermitteln, auch in Hinblick auf die Swastika.

In einer Vitrine stehen im Nebenraum Figuren der germanischen Götter. Frigga fehlt allerdings. MUTTER ERDE war und ist überall zurückgedrängt, verdrängt.

Die Walpurgishalle wurde 1901 eingeweiht. Das ist mehr als hundert Jahre her. Heute würde keiner so eine Halle mehr bauen lassen können. Das DEUTSCHE mögen viele nicht mehr, sie lehnen es ab, die uralten Wurzeln sind ihnen suspekt geworden oder sie halten sie für unbedeutend.

Bei Ausgrabungen hatte man auf dem Hexentanzplatz einen Ritualstein gefunden, der als „Opferstein" bezeichnet wird. Auf dem Stein befindet sich eine rechtsdrehende Swastika. Heute liegt der Stein im Eingangsbereich der Walpurgishalle.

Der Wanderer, der Kraftplätze sucht, wird welche in der Nähe der Walpurgishalle finden. Besonders in nordwestlicher Richtung, neben dem Weg zur Bergstation der Seilbahn findet man einen herrlichen Kraftplatz.

Das ganze Gebiet des Hexentanzplatzes ist ein touristischer Ort. Das ist so in der heutigen Zeit. Aber die alten Geister der Erde sind noch vorhanden. Sei es an dem genannten Kraftplatz oder einfach im Eichenwald.

Wenn man herumläuft, muss man die Gegenwart ausblenden und sich vorstellen, was hier einst gewesen ist. Die Steine und die Bäume können es einem erzählen. Man muss nur lauschen.

Der wilde Hexen-Steinkreis mag manchen nur als Kuriosität oder Skurilität erscheinen, aber im Grunde ist es eine Art Kultstätte eines alten Kultes. Heute klettern Kinder auf den Steinen herum und lassen sich mit

der Hexe mit dem breiten Hintern fotografieren oder neben dem lachen-
den Teufel auf dem großen Steinklumpen. Was das für Spuren in ihrer
Kinderseele hinterlässt, wer will das einschätzen?

Wanderung 13 (Sachsenberg)

Heute feiern sie den Reformationstag. Wozu feiern sie den Reformationstag? 1517 ist lange her. Die Emanzipation von dem unterdrückenden Denken hat nur halbherzig stattgefunden, eben ein wenig Reformation, mehr nicht, das alte autoritäre Denken ist noch vorhanden, nach 500 Jahren ist es immer noch vorhanden. Ihr Gott war und ist ein unterjochender Gott, der den Menschen unterjochen will. Feiern sie das? Im Grunde feiern sie gar nichts. Sie haben sich einen freien Tag genehmigt. Mehr nicht.

Ist die Reformation deutsch, ein typisch deutsches Ereignis?

Tatsache ist, dass sie aus Deutschland, aus Wittenberg kommt, dass Martin Luther der Initiator war.

Tatsache ist, dass es zu einer Spaltung der katholischen Kirche geführt hat, und weiter zu einer Spaltung der Gesellschaft zwischen denjenigen, die frei sein wollen, die Befreiung und Eigenständigkeit wünschen und denjenigen, die das nicht oder sogar unterdrücken wollen.

Diese fundamentale Spaltung haben wir bis heute.

Tatsache ist weiter eine gewisse spirituelle Emanzipation, obgleich diese bei der evangelischen Kirche nur halbherzig war, weil sie doch am patriarchalischem Geist orientiert blieb. Das Alte Testament haben sie nicht überwunden und wollen es bis heute nicht.

Ist das typisch deutsch, die große Freiheit zu wollen, sie aber dann doch nicht wirklich anzustreben, geschweige denn umzusetzen?

Der Deutsche scheint mir kein Revolutionär.

Er träumt von der großen Befreiung – aber dann kommt die Angst vor der echten Autonomie und er fällt zurück in alte Abhängigkeiten. Er strebt in die Höhe, ihm wird schwindlig, und er kehrt um.

Luther war ein theologischer Freiheitsdenker, aber vom Alten Testament konnte er sich nicht lösen. Das blieb dann doch der Maßstab der Orientierung. Die alten patriarchalischen Strukturen blieben erhalten. Bis heute.

Buchenpaar auf dem Sachsenstein

159

Weibliche Spiritualität oder eine Spiritualität des Weiblichen war keine Option. Gott blieb männlich. Das Gottesbild blieb männlich.

So ist und bleibt für mich die Reformation eine halbherzige Angelegenheit. Keine konsequente Emanzipation. Und die Befreiung aus der ökonomischen und politischen Knechtschaft wollte Luther gar nicht, anders als Thomas Müntzer. Es war eben nur Reformation, keine Revolution.

Auf dem Sachsenberg sieht es jetzt desolat aus. Zwei trockene Sommer haben die meisten Fichten absterben lassen. Viele sind bereits gefällt worden. Die noch stehenden Bäume sehen nicht gut aus, sterben auch ab. Es ist für jeden Naturmenschen sehr bedrückend. Bei den Leuten, es sind nicht viele, die hier vorbei kommen, habe ich das Gefühl, dass es ihnen seltsam egal ist, oder sie es gar nicht merken. Frage ich sie, dann zeigen mir ihre Antworten, dass mein Gefühl richtig war.

Noch vor zwei Jahren war hier ein dunkler, magischer Platz. Jetzt ist es eher eine offene Wunde im Wald!

Was soll man hier *feiern*?

Samhain?

Die Spuren meines letzten Besuches finde ich noch.

Sogar meine Bussardfeder steckt in dem Baumstumpf einer Fichte und der spitze Stein, der Phurba, steht noch in der Mitte. Wer geht auch in den toten Wald hinein? Besucher bleiben nur kurz, lesen das Schild über Heinrich IV. und die Sachsenkriege. Mehr nicht.

Ich schaue mich um. Welche Bäume leben? Welche könnten größer werden. Vielleicht wird aus der Buche beim Info-Schild eine große, mächtige Buche. Vielleicht. Ob sie hier neue Bäume pflanzen werden? Weißtannen, die tiefer wurzeln als die Fichten? Douglasien? Vielleicht.

Ich laufe weiter zur nördlichen Seite, wo ein paar nackte Felsen sind und ein Buchenpaar. Die rechte Buche stirbt schon langsam ab.

Ruhe und Gelassenheit lese ich auf einem Schild. Dazu ein Text. Besucher brauchen Hinweise, Anweisungen. *Übe dich in Ruhe und Gelassenheit.*

Alles kommt, alles geht wieder. Was ist, das verschwindet wieder. Du musst nichts tun. Es geschieht einfach.

Wanderung 14 (Kreuz des Deutschen Ostens)

Heute, am neunten November, bin ich von Bad Harzburg zum Kreuz des Deutschen Ostens hochgestiegen. Anders als sonst habe ich einen möglichst direkten Weg genommen. Also bin ich teilweise quer durch den Wald hinauf gestiegen. Alte Wege, alte Waldschneisen finden sich oft. Der Waldteppich aus Gräsern und Moosen ist weich und feucht. Das Gehen ist ganz anders als auf den Schotterwegen, die man für die Forstfahrzeuge angelegt hat. Die Schritte schwingen und federn.

Noch finden sich überall Pilze, aber ich sammele keine. Die Fliegenpilze sind längst ausgeblichen, sie leuchten nicht mehr im Gras. Es ist ja November!

Beim Gedenkstein für Ostpreußen mache ich Pause. Die Gedenksteine für die ehemaligen Ostgebiete bilden einen Halbbogen, der etwa von Süden nach Norden verläuft. Der Stein für Ostpreußen steht an letzter Stelle, dahinter ist nur Fichtenwald. *Hier beginnt die Taiga*, denke ich. Aber es ist natürlich keine Taiga.

Dass sie den magischen Kraftplatz für ihr gigantisches Kreuz und ihre nationale Gedenkstätte verwendet haben, darüber will ich mich heute nicht auslassen.

Hätten sie Achtung vor der Natur, dann hätten sie ihr Riesengebirgs-Kreuz auch einige Meter in westlicher Richtung aufstellen können. Warum haben sie ein Kreuz genommen? Mir gefällt das Symbol immer weniger, man sollte sich von ihm verabschieden. Es ist so problematisch wie die Swastika. Die ungeheure Last der Geschichte!

Ich denke an die Schriftsteller, die aus dem Osten stammten, und ihr Leben lang ihre Trauer über den Verlust verarbeitet haben, ohne die Wunde und den Schmerz wirklich überwinden zu können. Siegfried Lenz, Günther Grass und Arno Surminski könnte man nennen.

Als man die Gedenkstätte 1950 errichtete, waren das Leid und der Verlust noch frisch. Die Erinnerung an die verlorene, gestohlene Heimat. Die vielen Toten. Die vielen Vertriebenen.

Wen interessiert das heute noch?

Heute feiern sie ihre wundervolle Einheit, die keine ist, denn der wirkliche Osten fehlt ja völlig. Wenn man darauf hinweist, gilt man als ein Revanchist, oder gleich als ein „Nazi". Dabei geht es nur um Unrecht, das auch so genannt werden muss. Unrecht und Verbrechen bleiben das, was sie sind, so oder so.

Die ganze Kriegs- und Kampfgeschichte ist widerlich. Schon immer gewesen. Und seit 1945 ist es nicht besser geworden. Die Mächtigen schreiben ihre Version der Geschichte. Ihre Verbrechen werden nicht genannt. Auf allen Seiten nicht.

Vielleicht sollte man die Gedenkstätte abbauen. Den Platz komplett renaturieren. Wer braucht das überdimensionale Kreuz mit dem gemauerten Sockel? Wem soll das Trost spenden? Wie soll der aussehen?

Die meisten Gedenkstätten taugen aus meiner Sicht nicht viel, allein aus ästhetischen Gründen nicht. Das Denken der Menschen verändert oder verbessert sich durch keine Gedenkstätte.

Ein renaturierter Kraftplatz könnte mehr bewirken. Sofern man sich darauf einlässt. Wer sucht, der findet hier für ein kleines Ritual seinen Stein, seine Birke.

Was sollte man vor dem Stein mit dem Wappen von Ostpreußen machen? Stramm stehen, und sagen: *we will never surrender?* Ach, das hat ja der Winston Churchill gesagt. Ob hier einer vorbei kommt und ein „Sieg Heil" in den Wald ruft? Was wird der Wald antworten? Werden die Zwerge lachen?

Erst hatten sie mal den Osten erobert, kolonialisiert, allen ihr militaristisches Christentum, ihre Unterdrückungsreligion, aufgezwungen. Vor 75 Jahren haben sie alles verloren, als die russischen Panzer durchs Land und über die Flüchtlingstrecks fuhren, brutal und rücksichtslos!

Was für viele Bücher der Arno Surminski über „sein" verlorenes Ostpreußen geschrieben hat. Inzwischen ist er auch über 80 Jahre alt. Die Zeit ist ein Monster, sie verschlingt wie ein schwarzes Loch alles wieder. Bald wird er Siegfried Lenz in ein imaginäres ewiges Ostpreußen folgen, sofern es das gibt.

Wanderung 15 (Kleiner und Großer Burgberg)

Als ich zum kleinen Burgberg hochstieg, fielen mir gleich die rosaroten Markierungen auf. In diesem Fall bedeutet „rosarot" Kettensäge. Bei den toten Fichten leuchtete es mir ein, bei einigen geschädigten Buchen ebenso, bei anderen Buchen jedoch nicht. Ich sah keine Grund, diese zu fällen.

Im Bereich des kleinen Burgbergs hatte der letzte Dürresommer (2019) große Schäden verursacht. Auf der Südseite des kleinen Burgbergs fand ich einen Fichten-Kindergarten.

Ein ganzes Feld mit kleinen Fichten.

Mögen sie zu großen Bäumen heranwachsen können! Mögen sie nicht verdursten! Oder mutwillig abgesägt werden!

Ich musste an Schiller denken und seine Vorlesung „Die Sendung Moses". Darin geht es um den Monotheismus der Vernunft und die manipulativen Tricks von Moses, das philosophische Gotteskonzept als einen einzigen Gott exklusiv auf sein Volk zu beziehen und sein Volk als „auserwählt" zu bezeichnen. Alle Elemente lehne ich ab, mag mich damit gar nicht befassen. Nur, leider herrscht in diesem Land immer noch der Zwang, das gut zu finden. Was für eine Unterdrückung! Was für eine Anmaßung! Die geistig-spirituelle Identifikation mit einem fremden Volk finde ich immer abstoßender, weil sie psychisch krank ist.

Abgesehen von kleinen Resten einer uralten Burg stehen auf dem kleinen Burgberg nur Buchen, Eichen und Fichten. Viele Bäume sind gestorben oder krank. Ein Trauerspiel, das die Seele betrübt! Es gibt keine göttliche Kraft, welche die Zerstörung aufhält.

Auf dem großen Burgberg hatten sie 1877 einen Obelisk für den nationalen Spirit errichtet. Damals hatten wir einen Bismarck und keine Merkel. Heute würde man das niemals errichten. Kürzlich hatten sie sogar das Denkmal renoviert! „Nach Canossa gehen wir nicht." Wer versteht das heute noch? Wir sind ein stolzes Volk und machen uns nicht klein. Man hätte die Inschrift eigentlich aktualisieren können. Aber es ist ein Denkmal für die Vergangenheit. Die Zeiten der Reichsgründung sind lange vorbei. Von einem „Reich" spricht keiner mehr. Das Wort haben sie uns genommen.

Beim Antoniusplatz wurde ich mit einer Baustelle konfrontiert. *Was bauen sie denn hier bloß schon wieder*, dachte ich wütend. *Immer dieses Herumbauen in der Natur!* An einem Zaun hing ein Zettel. Baumschwebebahn, las ich. Baumschwebebahn hinunter zum Baumwipfelpfad. Die Bäume sterben nur so weg, aber man baut eine Baumschwebebahn, denn der Baumwipfelpfad reicht ja nicht. Man will nicht nur laufen, man will schweben, über den Wald hinwegschweben. Wie krank das ist! Und sie merken es gar nicht. Sie finden ihre Krankheit normal. Ein zusätzliches Geschäft ist immer gut. Sie haben ihren Geschäftsgott.

Haben die Deutschen den Geschäftsgott von den Juden übernommen, bzw. wurde ihnen dieser aufgedrückt? Immer reden sie von *Liebe*, aber am Ende sind Macht und Geschäfte doch wichtiger. Und der Konsum natürlich!

Heute störte mich auch der Name des Platzes. Antoniusplatz. Antonius aus Padua. Was habe ich mit dem zu schaffen? Man fand wohl keinen Namen, wollte keinen deutschen Namen für den Kraftplatz, den man vermutlich sowieso nicht als solchen erkannt hatte oder überhaupt *anerkannt* hätte. Sie orientieren sich am Fremden.

Die Holzskulptur von dem Antonius gefällt mir nicht. Sie drückt nichts Schönes und Edles aus. Sie ist minderwertig.

Ob man den Platz nach dem germanischen Gott Baldur benennen könnte? Es ist ein kleiner Sonnenort, zwischen dem Burg- und dem Sachsenberg. Würde ich mich an die Stadt Bad Harzburg wenden, es gut und genau begründen, würde man mich sicher nur auslachen. Hätte vielleicht sogar Angst vor dem Germanischen.

Ich lief auf der Ostseite der beiden Berge zurück zum meinem Parkplatz bei dem Burggymnasium. Der Wald wird immer Wald bleiben, dachte ich, so oder so. Auch wenn er jetzt Jahrzehnte des Leidens und Sterbens ertragen muss, aber am Ende wird der Wald das bleiben, was er immer war und sein wird. Wald!

Ich bin das, was ich bin, sagte der Wald.

Wanderung 16 (Rudolfklippe)

Haben die deutschen Dichter und Denker wirklich die Natur geliebt, frage ich mich, als ich wieder einmal die Rudolfklippe oberhalb von Bad Harzburg, östlich des gigantischen Steinbruchs, besuche. Der Steinbruch ist für mich ein Höllen-Ort, der mir zeigt, dass gegenwärtig keine Wertschätzung der Natur vorhanden ist. Man holt heraus, was man nur irgendwie herausholen kann. Man ist völlig besessen vom Ausbeutungswahn. Immer noch mehr, immer noch mehr, man findet kein Ende, will keine Grenze, ganz zu schweigen von einem Schlussstrich!

Nietzsche, den ich gerade gelesen habe, hat er die Natur geliebt? Die Schriften sind nicht unbedingt ein Beweis, denn kein Autor schreibt alle seine Empfindungen auf. Insgesamt habe ich bei Nietzsche, auch wenn er an manchen Orten wohl gerne geweilt hat, eher den Eindruck, dass die Natur für ihn nicht so wichtig und zentral gewesen ist.

Der schizophrene Hölderlin hat viel von der Natur geschwärmt. Aber seine Gedichte spiegeln am Ende doch zu wenig von der konkreten Schönheit der Natur wider. Sein Lebensproblem, um das sich alles drehte, war seine zerrissene Seele. Er lebte in Deutschland, war aber geistig-seelisch mehr mit Griechenland verbunden.

Schönheit ist ein abstrakter Begriff. Die Schönheit der Natur, das sind die vielen Einzelheiten. Die vielen kleinen Schönheiten!

Der Weg zum Bergsporn, auf dem sich die Rudolfklippe befindet, allein der Weg bietet so vieles. Ob man nun den Serpentinenweg vom Radauwasserfall hochgestiegen ist, oder über den Forstfahrweg aus östlicher Richtung gekommen ist, an und neben dem Weg gibt es immer so vieles zu entdecken.

Oder hier, bei der Rudolfklippe. Ein Foto ist immer nur eine Perspektive. Wenn man herumgeht, dann hat man sehr viele Eindrücke.

Bleibt man an einer Stelle stehen, versenkt man sich in einen Anblick, entdeckt man mit der Zeit immer mehr. Die Welt wird immer reicher und damit schöner. Man entdeckt Gesichter, Zeichen, Symbole. Die Seele wird innerlich reich. Man weitet seine Seele der Naturverbundenheit. Man schlägt an dem Kraft-Ort geistig-spirituelle Wurzeln.

Rudolfklippe

Die Rudolfklippe ist ein heiliger Kraftplatz.

An der Abzweigung, neben dem Hauptweg, hat man ein Schild aufgestellt: RUDOLFKLIPPE. Was für ein Rudolf?

Über die Benennung der Klippe gibt es unterschiedliche Berichte. Eine davon ist, dass die Klippe den Namen nach Herzog Rudolf August von Braunschweig-Wolfenbüttel (1627–1707) benannt worden ist, der der damalige Landesherr gewesen ist und sich mehrfach im heutigen Bad Harzburg aufhielt.

(Wikipedia)

Was interessiert mich denn dieser Rudolf? Ein Name, der auf eine spirituelle Bedeutung hinweist, fehlt. Man müsste einen finden, erfinden. Aber das wäre dann nur eine persönliche Deutung, die andere nicht übernehmen müssten.

Wir haben in Deutschland keine NATURRELIGION, also auch keine Namen für so einen Kraftplatz.

Wanderung 17 (Uhlensporn)

Jetzt ist wieder die Zeit, in der sie überall abgesägte Fichten aufstellen. Ihr Gewohnheitszwang. Möglichst viele müssen es sein, überall sieht man sie. Neben dem Weg zum Uhlensporn sehe ich hier und da kleine Fichten, kleine, zarte Bäumchen, die ins Leben streben, ins Licht, zur Sonne. Manche wachsen auf alten, übermoosten Baumstümpfen. Manche Fichte wächst in einem alten, toten Buchenbaumstamm. Ist er wirklich tot, frage ich mich. Sind die alten Schlangenäste, die in die Luft ragen, wirklich tot?

Wenn ich die jungen Kinderfichten betrachte, dann wird mir der Kontrast zu der FichtenwegwerfUNkultur so richtig bewusst. Mein erfundenes Wortungetüm ist ein Neologismus, das nur nebenbei, aber es passt zu dem, was ich ablehne.

Wenn man eine neue Spiritualität der Erde will und sucht, muss man ganz neu anfangen. Einfach schauen, was man sieht, was einem auffällt. Keine Schubladen haben, in die man gleich alles packt. Keine Etiketten verteilen. Das bedeutet dies, das bedeutet das.

Es ist, wie es ist.

Später kann ich es in Bezug zu mir und meiner Situation setzen.

Auf dem nördlichen Teil des Uhlensporns steht eine Eiche mit einem Loch, länglich, wie zwei aneinander gelegte Hände, die innen eine kleine Höhle frei lassen, also nicht fest aneinander gelegt. Ich muss mich hüten, Wörter zu verwenden, die falsche Assoziationen wecken.

Ein Bild ist erst einmal nur ein Bild. Nicht mehr. Ich will es einfach nur registrieren.

Beim letzten Besuch dachte ich, ich könnte eine Figur in das Baumloch stellen, habe das aber verworfen. Die Zeit der MENSCHENGÖTTER ist vorbei. Die Zeit der anthropomorphen Figuren. Aber auch die Zeit der ganz abstrakten Begriffe scheint mir vorbei zu sein. Das Abstrakte verhindert die konkreten Wahrnehmungen, erschlägt sie gleich mit einem Wort.

kleine Fichte am Fuß einer toten Buche

Ich suche nach einem Stein in der näheren Umgebung. Finde einen kleinen Pyramidenstein und stelle ihn behutsam in das Baumloch der Eiche. (Später habe ich ihn wieder entfernt.)

Eine elementare spirituelle Geste.

Respekt, Ehre, Verehrung, Achtung – alles abstrakte Wörter, die wir verwenden.

Ich hätte auch gar nichts tun müssen. Oder ich hätte den Baum einfach nur mit einer segnenden Hand berührt. Segnen. Was heißt Segnen? Ganz elementar gefragt, was heißt Segnen? Ich möchte nicht mehr, dass ich oder man gleich an eine der Religionen denkt. Sie haben alles zu rigide festgelegt. Nichts ist mehr offen. Nichts soll mehr offen sein. Und neu und anders schon gar nicht.

Lateinisch: signum. Klar, welches Zeichen in Europa gemeint ist. Ein Zeichen kann wie ein Stempel sein. Die Nazis hatten ihr Zeichen überall draufgehauen, gemalt, geklebt, gemeißelt.

Als deutscher Indianer frage ich mich: Was ist das Zeichen der Indianer gewesen? Haben sie ohne ein Zeichen gesegnet?

Ich schaue weiter einfach herum. Schaue, was mir auffällt. Manchmal mache ich ein Foto. Langsam sollte ich das lassen, denke ich. Habe viel zu viele. Bleibe ich an einer Stelle stehen, schaue ich etwas länger an, z.B. einige Baumpilze oder den Spalt in einem Baumstamm, dann macht mein Gehirn ein mentales Foto.

Auf einem alten, abgebrochenen Baum sitzt ein Eichhörchen. Ich kann sogar ein digitales Foto machen. Sehr selten bei diesen flinken Huschwesen des Waldes. Es sieht krank aus. Sein Fell wirkt zu dünn wie bei Haarverlust. Ob es den Winter überleben kann? *Wünsch Dir Leben!*

Die anderen Wesen einfach in ihrem So-Sein lassen. Nichts und niemanden *abstempeln*. Das Segnen der fremden Religion war von Anfang an falsch. Eben ein Stempel.

Ein Indianer stempelt nicht, denke ich, so wie er keine Spuren hinterlässt. Er schleicht durch die Natur hindurch.

Wanderung 18 (Achtermann)

Heute am 10.12.2019 stehe ich auf dem Achtermann. Goethe war am 10.12.1777 auf dem Brocken gewesen. Das war mir heute zu weit, zu kalt. Es ist neblig, es ist kalt. Ich habe keine Fernsicht. Es liegt Schnee auf dem Achtermann und im Wald.

Viele Fichten sind gestorben. Links und rechts von den Hauptwegen hat man sie abgeschnitten, oft in einer Höhe von ca. 2 Metern. War sicher eine Maschine. Dafür haben sie eine Maschine, die das macht. Kreuz und quer liegen die toten Stämme herum. Dazwischen, hier und da, neue, junge Fichten.

Wie schön war es hier noch vor ein paar Jahren!

Wie schön waren die alten Pfade zum Achtermann!

Jetzt ist alles zerstört. Mein Herzblut tropft in den Schnee, der mir wie grauer Leichenstaub, Aschestaub vorkommt.

Tag der Menschenrechte heute. Gibt es einen Tag der Tierrechte, der Pflanzenrechte, der Rechte von Mutter Erde?

Im Grunde denken die Menschen nur an sich, selbst wenn sie das Klima retten wollen, was ich ihnen nicht wirklich glaube, denn wichtiger als alles andere ist ihnen ihr Geld, ihr Wohlstand, ihre Geschäfte, ihre Expansionssucht. Der Mensch müsste sich zurückziehen. Da er es nicht wird, muss die Natur ihn zurechtstutzen, anders geht es gar nicht. Wie frechen Wildwuchs zurechtstutzen. Das klingt brutal, ist es auch. Natur kann leider auch brutal sein. Wer die Pflanzenwelt genau kennt, der weiß es. Auch in der Tierwelt gibt es wahnsinnige Massenvermehrungen, die dann, früher oder später, kollabieren.

Früher war der Harz immer feucht. In den beiden letzten Sommern war er viel zu trocken. So sind sehr viele Fichten verdurstet – und gestorben.

Sie wollen das Klima retten, und können nicht mal einen Wald retten. In Australien brennt der ganze Wald ab. Den Amazonasregenwald holzen sie immer weiter ab. Der Mensch ist vom Wahnsinn besessen. Egal, wohin man schaut. In jedem Land grassiert der Wahnsinn.

Der Deutsche liebt nicht den Wald, sondern den Baumarkt, wo man

Fichtenholz kaufen kann. Dachlatten oder Kanthölzer. Balken oder Bohlenbretter.

Es ist so schlimm, wenn man mit 68 Jahren durch einen zerstörten Totenwald wandern muss, wenn man bei den letzten verbliebenen großen Fichten oder den ganz kleinen Trost suchen muss. Einen neuen Wald werde ich nicht mehr erleben.

Aber auch ein Totenwald hat seine Schönheit.

Bei Schnee sieht man nicht alles so genau, auch wenn die hohen Baumstümpfe oder das Chaos von Stämmen und Zweigen einen betrübt.

Ach, wie schön es einmal war!

Wie schön der ganze Wald einmal war!

Eigentlich könnte man auch verschwinden, denn was soll man hier noch, wo nichts mehr ist?

Wanderung 19 (Rabenklippen)

Nach langer Zeit wieder eine Wanderung zu den Rabenklippen. Hinter dem Dreibörnerweg viele tote Fichten, links und rechts vom Weg wurden sie entfernt. Weiter weg stehen sie noch. Will man sie stehen lassen? Ich konzentriere mich seit einiger Zeit lieber auf die kleinen Fichten, denen die Zukunft gehört. Der kommende Wald.

Die Fichten bei den Rabenklippen sind tot. Einige stehen noch, andere hat man abgesägt. Auf der Klippe steht noch eine, die lebt. Auch eine kleine Bonsai-Fichte. Wie lange noch? In der Ferne sehe ich viel totes Braun. Der Harz wird braun. Die Farbe bedeutet hier nur den TOD, sonst nichts. Toter Wald. Abgestorbener Wald.

Waren hier einmal Raben? Ich weiß es nicht. Hugin und Munin. Odins Raben, germanische Raben, wilde Raben, wo sind sie? Waren sie einmal hier? Ich sehe keine. Auch sonst sehe ich keine Tiere. Die Wälder kommen mir seit einiger Zeit immer toter vor. Kann man das Adjektiv steigern?

Im Luchsgehege läuft ein Luchs aus Finnland herum. Armer Kerl! Was suchst du hier im Harz? Ein Weibchen gibt es auch. Warum braucht man noch Tiere im Gehege, wenn es so viele Tierfilme gibt? Warum?

War das Zuchtprogramm wirklich erfolgreich? Sie können uns ja immer viel erzählen, aber ich kann es nicht kontrollieren, und da mir der Wald so schrecklich tot vorkommt, glaube ich nicht, dass es erfolgreich gewesen ist.

Wie auch immer, der LUCHS hat keinen Seelen-Wert in ihrem Weltbild. Da gibt es nur Holz und Knete, also Geld. Viel Holz, viel Knete. Wohin verkaufen sie all das viele Fichtenholz? Ich will es gar nicht wissen. Ich sehe den kaputten Wald, freue mich über die kleinen Bäumchen, ob Fichte, Kiefer, Buche oder Birke ist mir egal. Wachst, wachst bitte zu einem neuen Wald heran!

Die Raben sind Seelen-Vögel.

Der Luchs ein Seelentier.

In meinem Weltbild sind sie das.

Unsere germanische Waldseele braucht diese Tiere. Das Moderne hat keine Seele und wird keine haben. Nur elektronische Spiele. Nichts weiter. Ohne Herz, ohne Sinn. Da lebe ich lieber in einer Märchenwelt, sehe die Welt wie Ludwig Richter oder Otto Ubbelohde. Damals interessierten sie sich noch für die Seele, heute kennen sie nur Programme und Apps. Keine Seele, aber eine App. Vielleicht haben sie längst nur noch Apps im Kopf. Am Ende kann man ganz ein Cyborg werden, braucht die Natur nicht mehr, weder das Deutsche, noch das Germanische, nichts mehr. Nur Apps aus den USA oder gleich aus China. Chinesische Marionetten.

Auch wenn mir die kleinen Bäume Hoffnung schenken, so sehe ich doch die vielen toten Bäume, muss sie sehen. Die Trauer lässt sich nicht verdrängen. Sie ist nun einmal da, sie ist ganz natürlich, wenn eine Welt stirbt.

Das Aussterben gehört zur Natur, sagte jemand in einem Film über die Mammuts, die manche klonen wollen. Wozu? Die Welt der Mammuts ist ausgestorben, die ganze damalige Welt. Vielleicht ist meine Raben-Seelenwelt auch längst ausgestorben. Ich laufe weiter durch den Totenwald, bis ich verschwunden bin.

Wanderung 20 (Heiliger Hain, Arno Schmidt Haus)

Im Heiligen Hain am 21.12. gegen Mittag. Eine stille, kleine Heide-Insel, kleines Naturschutzgebiet. Viel zu klein, denke ich. In der Umgebung die typischen nassen Weiden. Fast alles so, wie sonst auch. Nur ein neuer Jägerhochstand ist mir aufgefallen. Es ist gut, wenn es keine Veränderungen gibt, wenn die alten Eichen stehen bleiben.

Beschließe zum Löns-Stein zu gehen. Unterwegs denke ich, dass es doch recht weit ist. Ein langer landwirtschaftlicher Weg, der mir nicht sonderlich gefällt.

Der Löns-Stein wurde erst im Jahre 1984 aufgestellt. Das ist noch gar nicht so lange her, denke ich. Wer mag 1984 so ein Interesse gehabt haben, dass er die kleine Anlage des Gedenkens errichtete?

Im Heiligen Hain hinterlasse ich keine Spuren. Keine Wollfäden für die Geister, keine Bussardfeder, nichts. Ich bin hier zu selten. Meine Steinkreise aus den späten achtziger Jahren sind sowieso verschwunden. Es soll nur eine Wanderung des Erinnerns sein.

*

Ich beschließe noch einen Abstecher nach Bargfeld zu machen, wo der Schriftsteller Arno Schmidt gelebt hatte. 1979 gestorben, das ist nun schon vierzig Jahre her. Vierzig Jahre!

Auf der Nordseite gehe ich den Weg ins Feld. Mache zwei Fotos durch den Zaun. Stelle mir vor, wie er hier in der Einsamkeit gelebt hatte. Das Haus der Arno Schmidt Stiftung ist geschlossen. Besuche nur nach Voranmeldung.

Ich bin so frei und gehe einfach in den Garten auf der Südseite. Durch eine Zaunlücke komme ich zu dem grauen Holzhaus. Mache ein paar Fotos. Hier hat er also gelebt. Bücher gelesen, Bücher geschrieben.

Es gibt Büchermenschen, denke ich, und Nicht-Büchermenschen. Eigentlich mag ich solche Einteilungen nicht, aber heute kam sie mir in den Sinn. Ein Büchermensch. Sein Leben waren die Bücher.

175

Eine Welt des Rückzugs. Nach dem Zweiten Weltkrieg, dem sogenannten Kalten Krieg, der Bedrohung durch die Atomwaffen. **Die Bibliothek ist eine heile Welt.** Eine stille, geordnete Welt. Eine Welt des Geistes, der Studien. Ende der fünfziger Jahre war die Konsumspirale noch nicht in Gang gesetzt. Aber das Wirtschaftswunder, das wunderbare Wirtschaftswunder zeigte den Aufmerksamen schon, wohin die Reise gehen sollte.

Arno Schmidt war ein Aussteiger. Einsamkeit, Rückzug, Natur, leere Natur und die ganze Welt der Bücher. Hat hier sicher mit seiner Frau Alice ganz einfach, *spartanisch* gelebt. Absolut keinen Luxus. Nur das Nötigste. Kartoffeln, Zwiebeln, Eier, Milch. Es gab noch kein Internet. Es gab Lexika. Bücher.

Durch eines der Fenster kann ich einen Blick auf die Bücherregale werfen. Eine abgedeckte Schreibmaschine. Ob er an der *Zettels Traum* geschrieben hat?

Die meisten Menschen, die ich kenne, sind keine Büchermenschen. Die Bibliothek ist ihnen kein Tempel. Die meisten lieben endlose Gespräche am Kaffeetisch, bei denen keiner ein Protokoll schreibt, weil es ohnehin keine Ergebnisse gibt.

Ein Büchermensch wie Arno Schmidt ist ein Unzeitgemäßer. Heute sicher noch mehr als vor sechzig Jahren, als er sich hier ansiedelte.

Das Haus scheint von außen in Ordnung zu sein. Abgesichert, doppelte Fenster. So wird seine Welt ein wenig bewahrt. Aber das Leben ist schon lange fort.

Wanderung 21 (Vision Hill)

Immer wieder laufe ich über den Vision Hill, über die Hügelkette im Urstromtal. Immer wieder, seit vielen Jahren. Nach über 25 Jahren zähle ich die Zeit nicht mehr. Längst habe ich mich darauf eingestellt, dass nach mir vielleicht keiner hier läuft.

Wenn es niemanden gibt, der den Ort hütet, dann gibt es eben niemanden mehr.

Der von mir errichtete Owoo steht noch. Wie lange wird er stehen bleiben? Noch kann ich ihn umrunden. Om Mani Peme Hung, Om Mani Peme Hung.

In der Mongolei, weit, weit im Osten gibt es diese Steinhaufen, Steinpyramiden. Hier ist mir nur mein eigener Owoo bekannt. Für mich passt er in diese Gegend, auch wenn er ursprünglich hier nicht entstanden ist. Oder vielleicht doch? Wer weiß, was hier vor Jahrtausenden gewesen ist, welche Menschen hier gelebt haben. Die falsche Wüstenreligion gibt es hier ja erst seit 1200 Jahren, aber sie hat keine Wurzeln geschlagen. Sie ist und bleibt „aufgepfropft". Sie ist nicht mit der Seele des Landes verbunden und wird es nie sein. Sie ist nicht mit der Erde verbunden und wird es nie sein. Ich habe sie endgültig verworfen.

Om Mani Peme Hung. O M P H, in Runenschrift:

oder ✳ für Hagal

Und in tibetischer Schrift:

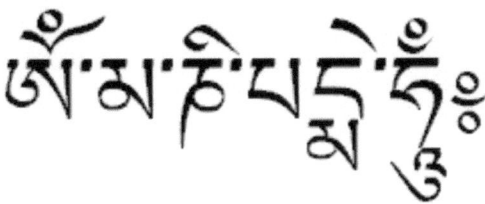

177

Owoo auf dem Vision Hil

Was wäre die richtige Schrift?

Es fehlt uns eine. Eine eigene Schrift. Wir schreiben ja auch in lateinischer Schrift.

Wir haben keine eigene Schrift, die wir mit unserer Landschaft verbinden können. Keine Schrift, die unseren Geist oder unsere eigene Spiritualität ausdrückt.

Was ist das Eigene?

Wenn ich auf dem Hügel stehe, herumschaue, hinüber zum Elm, oder zu den Harzer Bergen, wenn ich die Pflanzen auf dem kargen Boden betrachte, den die Bauern haben stehen lassen, weil er sich für die Landwirtschaft nicht geeignet hatte, schon vor vielen Jahrzehnten, oder Jahrhunderten, weil er zu steinig gewesen war, auch heute noch kommen auf den bewirtschafteten Teilen immer wieder Steine hoch, wenn ich alles auf dem Höhenzug so betrachte, dann könnte ich sagen, das dies hier das Eigene sei. Aber für die meisten wird es irgendwie nichts sein, bedeutungslos oder langweilig. Es gibt keine Sensationen hier.

Die im scharfen kalten Westwind kreisenden Bussarde.

Wie halten sie den kalten Wind nur aus?, fragte ich wieder.

Hier ist alles archaisch, denke ich. Der Himmel und die Erde. Die Steine und die Pflanzen. Die Bussarde und die Füchse. Die Rehe und die Hasen. Im Grunde bräuchte man keine Namen für Götter. Vielleicht ist das mit den Götter eine Sache, die aus einer fremden Welt zu uns gekommen ist.

Hier oben, auf der Hügelkette des Urstromtals, kann man sich als Ur-Mensch fühlen.

Alles kann neu anfangen.

Das Adjektiv „deutsch" hilft nicht weiter.

Alles muss vielleicht neu anfangen.

Auf dem Brocken, Juni 2019

Wolf E. Matzker, geb. 1951. Mystiker, Dichter und Künstler. Er hat sich schon immer für eine Synthese und Weiterentwicklung der spirituellen Systeme eingesetzt. Dabei sind ihm die Würdigung der menschlichen Seele, die multidimensionale Entfaltung des Bewusstseins und vor allem die Wertschätzung der wilden Natur immer wichtig gewesen.

Schamanismus als moderne Naturreligion – Grundlagen und Wege eines spirituellen Schamanismus, 2010
Traumzeitpfade, schamanische Seelenfindung auf magischen Wegen, 2013
Wilder Brocken, Deutschlands heiliger Berg der Dichter, Maler und Naturverehrer, 2013
Das Trauma des Krieges. Roman, 2014

Der Wolf – Krafttier der Seele. Über den Wolf im feinfühligen Schamanismus der Natur, 2014

Indian Vision. Spiritueller Roman, 2014

Adler im Schamanismus, Adle, Rabe und andere Vögel im schamanischen, naturmystischen Weltbild, 2015

Der heilige Wald, Magie, Schönheit und Spiritualität des Waldes, 2016

Heimat und Spiritualität, über Natur, Heimat und einen lokalen Schamanismus, 2017

Naturverehrung, die heilige Natur bei Goethe und anderen deutschen Dichtern, 2017

Heilige Berge, Magie, Schönheit und Spiritualität der Berge und Felsen, 2017

Die Elbe, spirituelle Geschichte eines Flusses – ein Fragment, 2017 eine kleine Privatedition

Megalith und Schamanismus – Großsteingräber in Norddeutschland und naturverbundene Spiritualität, 2018

Das Traum der Schule, oder der Indianer am Gymnasium, Roman, private Edition 2018

Wodans Adler – naturmystische Gedichte 2012 – 2018, 2018

Spirituelle Heimat Bad Harzburg, Berge, Klippen und magische Stätten, private Edition 2018

Meer und Traum, das Meer im naturmystischen Weltbild, 2019

Die heilige Heide. Magie und Spiritualität der Heide. 2019

Weitere Informationen unter: www.visionhill.de

Die von mir verwendeten Fotos der Dichter und der Kunstwerke sind, nach meinen Informationen, gemeinfrei. Alles andere ist von mir selbst.

Literaturverzeichnis, Internetquellen

1. **Dorn, Thea und Richard Wagner:** Die deutsche Seele
2. **Goethe, Johann Wolfgang**: Faust 1, Biographie und Kommentar, SBB 107, Frankfurt am Main 2018
3. **Heidegger, Martin**: Der Feldweg
   https://www.youtube.com/watch?v=OQyeF6clwWg
4. **Heine, Heinrich**: Deutschland, ein Wintermärchen, Frankfurt am Main 2010
5. **Hölderlin, Friedrich**: Hyperion, Stuttgart 1995, Reclam-Verlag
6. **Krüger, Manfred**: Albrecht Dürer: Mystik, Selbsterkenntnis, Christussuche, Stuttgart 2009
7. **Lenz, Siegfried**: Deutschstunde, dtv, München 1992
8. **Meister Eckhart**: Vom Wunder der Seele, Stuttgart 1990
9. **Novalis**, Heinrich von Ofterdingen, Suhrkamp SBB 80; Frankfurt am Main 2007
10. **Safranski, Rüdiger:** Ein Meister aus Deutschland, Heidegger und seine Zeit, Frankfurt a.Main 2015
11. **Safranski, Rüdiger**: Goethe. Kunstwerk des Lebens, Frankfurt a. Main 2015
12. **Safranski, Rüdiger**: Nietzsche, Biographie seines Denkens, Frankfurt a. Main 2015
13. **Safranski, Rüdiger**: Romantik, eine deutsche Affäre, Frankfurt am Main 2015
14. **Safranski, Rüdiger**: Schiller oder die Erfindung des deutschen Idealismus, Frankfurt a. Main 2015
15. **Wiechert, Ernst**: Das einfache Leben, München 1953
16. **Wiechert, Ernst**: Totenwald. Berlin 1977